Marianne Paquin

Om op te eten

koken met bloemen, vruchten en paddestoelen

Fotografie **Marianne Paquin** en **Marc Lacour**

TERRA

inhoud

Voorwoord 6

Aromatische planten
Tijm 10
Laurier 20
Rozemarijn 28

Bloemen
Oost-Indische kers 40
Paardebloem 50
Lavendel 58
Primula 70
Driekleurig viooltje 78
Roos 86
Maarts viooltje 94

Vruchten
Bosaardbei 104
Framboos 112
Appel 122
Hazelnoot 132
Walnoot 142
Kastanje 152

Paddestoelen
Cantharel 162
Morielje 170
Eekhoorntjesbrood 178

Register 190
Dankbetuiging 192

voorwoord

"Ik liep mijn tuin in om er rozemarijn te plukken..."

Als het een mooie dag is, pak ik mijn mand stevig bij het hengsel vast, wandel ik naar buiten, adem ik de zuivere lucht met volle teugen in en laat ik me leiden door mijn zintuigen. In de boomgaard pluk ik de blozende vruchten van de bomen die deze vriendelijke plek beschaduwen. Het vleugje zuur van de appels, de zoete smaak van de bosaardbeien; deze verrukkelijke vruchten zetten mij aan tot een andere, bezielde manier van koken. Ik ga verder, diep het bos in, waar te midden van het groene, zachte mos geurige paddestoelen groeien, die soms van de ene op de andere dag uit de grond tevoorschijn schieten. Vochtige aarde en humus prikkelen de zintuigen, en in greppels en tussen de braamstruiken liggen duizenden schatten verscholen; geurige violette juweeltjes die deze ogenschijnlijke wanorde versieren.

Kan de lunch en het diner door de natuur worden aangeboden? Kan de natuur bepalen wat er op tafel komt te staan en kan zij je kookkunst kleurrijk en verbeeldingsvol maken?

De natuur kleurt de seizoenen: de donkere winter met zijn zware, turfachtige grond gaat over in een lente die geel kleurt bij de eerste bloemen. In de zomer is de natuur rood dankzij de prachtigste vruchten, zoals de dieprode appels, waarna ze ten slotte weer verandert door de stemmige kleuren van de hazel- en walnoten. De natuur betovert het jaar met een ongelooflijke schakering van geuren en kleuren. Al dit moois wordt ons zomaar aangeboden: de natuur is klaar om geplukt te worden. Bovendien is de natuur genereus want ze vernieuwt zichzelf telkens weer.

De geschenken van de natuur – die een lust zijn voor het oog, het huis, de tafel, het bord en uiteindelijk het gehemelte – zijn voor iedereen die ze kan zien, voelen, aanraken, opsnuiven en proeven.

Pluk die natuur, want ze is er klaar voor!

Opmerking: de nummers in de foto's verwijzen naar de bijbehorende recepten.

Aromatische planten

Tijm, laurier, rozemarijn

aromatische planten - tijm

Tijm

Kleine, in de garrigues (terreinen met kreupelhout in de Provence) groeiende houtachtige plant met geurige blaadjes; een onvermijdelijke hoofdrolspeler in de mediterrane keuken.

1 Toast met verse foie gras van eend en tijm

voor 4 personen
bereidingstijd 10 minuten

250 g verse foie gras van eend
4 takjes verse tijm
4 dikke sneden boerenbrood
1 eetlepel *fleur de sel* (Zeezout dat wordt gewonnen langs de Middellandse-Zeekust en de Bretonse kust in Frankrijk. Verkrijgbaar in delicatessenzaken en sommige supermarkten.)
1 eetlepel gemalen pepermix (Een mix van zwarte peper, witte peper, groene peper, jamaicapeper en roze peper. In België verkrijgbaar als '5 bessen voor de pepermolen', in Nederland te koop in sommige delicatessenzaken. Je kunt ook 4-seizoenen pepermix gebruiken, die gewoon te koop is in de supermarkt.)

Was de takjes tijm, sla ze uit en trek de blaadjes eraf. Snijd de lever in dunne plakken. Leg de plakken op een bord en bedek ze met plasticfolie. Zet het bord in de koelkast.
Rooster de sneetjes brood en snijd ze in vieren. Verdeel de plakken eendenlever over de toastjes. Bestrooi de toastjes met de tijm, het fleur de sel en de pepermix. Serveer deze toastjes meteen.

2 Gevulde kwartels met tijm

voor 2 personen
voorbereiding 10 minuten
bereidingstijd 15 tot 20 minuten

2 kwartels (bakklaar)
4 takjes verse tijm
2 plakken gerookt spek
100 g peultjes
2 eetlepels olijfolie
zout en peper

Was de takjes tijm, sla ze uit en trek de blaadjes eraf.
Bestrijk de binnen- en buitenkant van de kwartels met olijfolie. Verdeel de blaadjes tijm over de binnenkant van beide kwartels en bestrooi de kwartels met peper en zout.
Wikkel om elke kwartel een plak spek.
Bak de kwartels 15 tot 20 minuten in een hete oven en controleer ze af en toe. Kook intussen de peultjes 4 minuten in gezouten water. Laat ze uitlekken en verdeel ze over de borden.
Leg de kwartels op de peultjes en besprenkel ze met de jus.
Serveer de kwartels meteen.

aromatische planten - tijm

3 Tomaten-mozzarellasalade met tijmvinaigrette

voor 4 personen
bereidingstijd 10 minuten

500 g kerstomaatjes
200 g mozzarella in bolletjes (*mozzarelline*)
4 takjes verse tijm
1 eetlepel Meaux-mosterd
1 teentje knoflook
azijn
3 eetlepels olijfolie
fleur de sel
gemalen pepermix (zie blz. 10)

Was de takjes tijm, sla ze uit en trek de blaadjes eraf.
Meng voor de vinaigrette de Meaux-mosterd, het teentje knoflook (in zijn geheel), de azijn, de olijfolie en de tijm.
Laat de smaken op elkaar inwerken.
Was de kerstomaatjes, dep ze droog en halveer ze.
Verdeel de gehalveerde tomaatjes en de mozzarellabolletjes over de borden. Haal het teentje knoflook uit de dressing, voeg 2 eetlepels water toe en klop of schud tot je een mooie lobbige vinaigrette hebt. Besprenkel de tomaten en mozzarella ermee. Strooi het fleur de sel en de pepermix erover en dien deze salade meteen op.

4 Tijmolijven

voor 300 g olijven
bereidingstijd 5 minuten

300 g olijven
3 takjes verse tijm
3 dl olijfolie
1 Spaanse peper
1 theelepel zout

Was de takjes tijm, sla ze uit en trek de blaadjes eraf.
Schenk de olie in een glazen pot en voeg de olijven, de Spaanse peper, het zout en de blaadjes tijm toe. Zet de pot enkele dagen op een donkere plek.

Tijmolie

voor 1 liter olie
bereidingstijd 5 minuten

1 liter olijfolie
6 takjes verse tijm
2 teentjes knoflook
schil van 3 citroenen

Schenk de olijfolie in een fles. Voeg de gewassen en uitgeslagen takjes tijm, de teentjes knoflook zonder velletjes en de citroenschillen toe. Sluit de fles af en bewaar hem op een donkere plek. Deze olie is heerlijk over salades, vis en groenten.

5 Meloen met szechuanpeper en tijm

voor 2 personen
bereidingstijd 10 minuten

1 rijpe meloen van 1 kg
1 theelepel szechuanpeperkorrels
4 takjes verse tijm
4 el Beaumes de Venise (dessertwijn)

Schil de meloen en snijd het vruchtvlees in stukjes.
Wikkel de szechuanpeperkorrels in keukenpapier en kneus ze met een deegroller.
Was de takjes tijm, sla ze uit en trek de blaadjes eraf.
Verdeel de stukjes meloen over coupes.
Strooi de gekneusde szechuanpeper en de blaadjes tijm erover.
Sprenkel de Beaumes de Venise erover en serveer dit meloengerecht goed gekoeld.

6 Gevulde tomaten met verse geitenkaas, specerijen en tijm

voor 4 personen
bereidingstijd 15 minuten

4 gave groene tomaten
300 g verse jonge geitenkaas (*chèvre frais*)
½ theelepel piment d'Espelette (Baskisch pepertje) in poedervorm
½ theelepel paprikapoeder
½ theelepel gemalen koriander
½ theelepel nootmuskaat
2 takjes verse tijm
½ theelepel fleur de sel
2 eetlepels olijfolie

Was de takjes tijm, sla ze uit en trek de blaadjes eraf.
Prak de geitenkaas met een vork en voeg de olijfolie, het piment, het paprikapoeder, de koriander, de nootmuskaat, de blaadjes tijm en het fleur de sel toe. Zet dit mengsel in de koelkast.
Was de tomaten, dep ze droog en halveer ze. Hol de tomaten uit en vul de helften met het geitenkaasmengsel.
Zet de tomaten tot het moment van serveren in de koelkast.
Serveer er geroosterde sneetjes brood bij.

7 Bloody Mary met tijm

voor 2 personen
bereidingstijd 5 minuten

1,5 liter tomatensap
1 dl wodka
¼ theelepel worcestersaus
¼ theelepel tabasco
1 theelepel citroensap
2 takjes verse tijm
2 mespunten zout
2 mespunten zwarte peper
2 eetlepels ijsgruis

Was de takjes tijm, sla ze uit en hak ze fijn.
Meng in een blender of keukenmachine het tomatensap, de wodka, de worcestersaus, de tabasco en het citroensap. Schenk de Bloody Mary in glazen en voeg de fijngehakte tijm, het zout, de peper en ten slotte het ijsgruis toe. Serveer de drankjes meteen.

8 Kaarslantaarns met tijm

glazen potjes of vuurvaste glazen
raffia
waxinelichtjes
lijm
takjes tijm

Plak met een beetje lijm wat raffia rondom de glazen potjes en leg in de uiteinden een dubbele knoop. Snijd de takjes tijm op dezelfde lengte af en steek ze tussen het glas en de raffia.
Zet een waxinelichtje in elk glazen potje en zet de potjes op tafel.
De aangestoken kaarsjes verwarmen de glazen, die vervolgens de hele avond een heerlijke tijmlucht door de kamer verspreiden.

Tijmthee

voor 4 personen

3 takjes verse tijm
2 theelepels bruine suiker

Was de takjes tijm, sla ze uit en trek de blaadjes eraf.
Breng het (bron)water aan de kook, voeg de blaadjes tijm toe en laat ze enkele minuten trekken. Voeg per persoon suiker naar smaak toe.

aromatische planten - laurier

Laurier

Deze niet veeleisende plant met zijn harde, gladde en groenblijvende blad is het symbool van de overwinning en verspreidt vol trots zijn unieke en verfijnde geur. Rust niet op je lauweren!

1 Spiesjes met kip en laurier

voor 4 personen
voorbereiding 15 minuten
bereidingstijd 15 minuten

4 kipfilets
24 blaadjes laurier
2 eetlepels olijfolie
sap van 1 citroen
1 theelepel gemalen pepermix (zie blz. 10)
1 theelepel fleur de sel
8 satéstokjes

Snijd de kipfilets in reepjes. Roer in een diep bord de olijfolie, het citroensap en de pepermix door elkaar en laat hierin de reepjes kipfilet 1 uur marineren.
Was de blaadjes laurier en dep ze droog. Verwarm de ovengrill voor. Rijg aan elk satéstokje afwisselend 3 laurierblaadjes en 3 reepjes kipfilet. Leg de spiesjes op een vel vetvrij papier op de bakplaat en besprenkel ze met de marinade. Gril de spiesjes 15 tot 20 minuten en draai ze halverwege de griltijd om.
Verdeel de spiesjes over de borden, schenk de jus erover, bestrooi ze met het fleur de sel en serveer ze.

2 Blinde vinken van kalfshaas en coppa met laurier

voor 2 personen
voorbereiding 10 minuten
bereidingstijd 25 minuten

1 kalfshaas van 300 g
8 dungesneden plakken coppa
4 mooie blaadjes laurier
1 sjalot
2 eetlepels olijfolie
1 dl witte wijn
1 theelepel pepermix (in korrels; zie blz. 10)

Was de blaadjes laurier en dep ze droog. Snijd de kalfshaas in twee stukken.
Leg elk stuk kalfshaas op een plak coppa en steek er een laurierblaadje tussen. Leg op elke kalfshaas een tweede plak coppa en druk een plak tegen beide uiteinden. Wikkel de coppa met keukentouw om de stukken kalfshaas, zoals bij een rollade. Steek een laurierblaadje tussen het pakketje en het touw.
Snipper de sjalot.
Fruit in een gietijzeren stoofpan de sjalot in de olijfolie glazig. Voeg de blinde vinken toe en bak die aan alle kanten goudbruin. Schenk de witte wijn erbij en voeg de pepermix toe. Laat het vlees afgedekt 20 minuten op een laag vuur stoven. Voeg indien de wijn helemaal indampt een scheutje water toe.
Haal de blinde vinken uit de pan. Blus de jus met 2 eetlepels witte wijn, schenk deze saus over de blinde vinken en serveer dit gerecht meteen.

3 Laurierketting

Als je laurierblaadjes wilt bewaren, kun je ze aan keukentouw rijgen en er een ketting van maken. Hang deze ketting op in een droge en goed geventileerde ruimte.

4 Kabeljauwfilet met gele paprika en gebakken laurier

voor 2 personen
voorbereiding 20 minuten
bereidingstijd 10 minuten

2 kabeljauwfilets
1 grote gele paprika
6 blaadjes laurier
4 eetlepels olijfolie
$1/2$ theelepel gemalen pepermix (zie blz. 10)
$1/2$ theelepel fleur de sel

Snijd de paprika overlangs door en verwijder het kroontje en de zaadjes. Leg de paprikahelften met het vel naar boven op een ovenrooster. Zet de ovengrill aan. Schuif het rooster in de oven en gril de paprikahelften tot het vel begint te bobbelen. Laat de paprikahelften in een gesloten plasticzak enigszins afkoelen. Het vel is daarna gemakkelijk te verwijderen.
Spoel de paprikahelften onder koud stromend water, dep ze droog en snijd ze in smalle repen. Bak deze reepjes 10 minuten in 2 eetlepels olijfolie op een laag vuur.
Was de blaadjes laurier, dep ze droog en snijd ze in stukjes. Bak de stukjes laurier in een koekenpan in 2 eetlepels olijfolie, schep ze met een schuimspaan uit de pan en leg ze op keukenpapier. Leg de kabeljauwfilets in dezelfde koekenpan en bak ze 3 minuten aan beide kanten. Verdeel de paprikareepjes over twee borden en leg daarop de kabeljauwfilets. Voeg de stukjes laurier toe en strooi de pepermix en het fleur de sel erover. Dien dit gerecht meteen op.

5 Aardappels met laurier

voor 4 personen
voorbereiding 5 minuten
bereidingstijd 45 minuten

16 kleine nieuwe aardappels
32 blaadjes laurier
1 theelepel fleur de sel

Was de blaadjes laurier en dep ze droog.
Verwarm de oven voor op 200 °C.
Was de aardappeltjes en dep ze droog. Snijd ze overlangs door. Maak met een scherp mesje een sneetje in alle aardappelhelften en steek daarin een laurierblaadje.
Leg de aardappelhelften op een bakplaat en schuif de bakplaat onder in de oven. De aardappels zullen goudbruin worden en uitzetten. Zorg ervoor dat de laurierblaadjes niet aanbranden. Leg eventueel een vel vetvrij papier over het gerecht om de laurierblaadjes te beschermen. Strooi vlak voor het serveren het fleur de sel erover.

6 Verse doperwten met bacon en laurier

voor 4 personen
voorbereiding 15 minuten
bereidingstijd 15 minuten

600 g verse doperwten
200 g bacon in dunne plakken
8 blaadjes laurier
3 eetlepels olijfolie
$1/2$ theelepel fleur de sel
$1/2$ theelepel gemalen pepermix (zie blz. 10)

Dop de peulen. Was de blaadjes laurier en dep ze droog.
Bak de plakken bacon onder af en toe omdraaien in een pan met antiaanbaklaag op een hoog vuur. Laat de plakken uitlekken op keukenpapier.
Bak de doperwten in de olijfolie met de laurierblaadjes 3 minuten op een hoog vuur.
Voeg 2 eetlepels water toe en leg het deksel op de pan.
Zet het vuur lager en laat de doperwten in 5 minuten garen.
Haal het deksel van de pan, voeg de plakken spek toe en bak het geheel nog 3 minuten op een hoog vuur.
Strooi het fleur de sel en de pepermix erover en serveer dit gerecht meteen.

7 Gepocheerde perziken met laurier

voor 2 personen
voorbereiding 10 minuten
bereidingstijd 15 minuten

4 perziken
6 blaadjes laurier
5 dl zoete witte wijn
1 eetlepel honing

Dompel de perziken 1 minuut in kokend water, haal ze eruit en schil ze meteen.
Was de blaadjes laurier en dep ze droog.
Schenk de witte wijn in een kookpan en voeg de laurierblaadjes en de honing toe. Breng het geheel aan de kook en voeg de perziken toe. Kook de perziken 15 minuten en draai ze halverwege voorzichtig om.
Schep de perziken in serveerschaaltjes en laat ze afkoelen.
Serveer ze met amandelkrullen (koekjes) of zandkoekjes.

Rozemarijn

De heerlijk ruikende bosjes van deze dichte struik met mooie blauwe bloemen zijn vaak het speelterrein van dikke, harige hommels, die dol zijn op bedwelmende geuren.

1 Abrikozen met rozemarijn en siroop

voor 2 personen
voorbereiding 10 minuten
bereidingstijd 15 minuten

6 abrikozen
2 takjes rozemarijn
2 dl Beaumes de Venise (dessertwijn)
1 vanillepeul

Was de takjes rozemarijn en sla ze uit. Snijd elk takje in 6 stukjes.
Halveer de abrikozen en haal de pit eruit.
Schenk de Beaumes de Venise in een kookpan. Voeg de doorgesneden vanillepeul toe en breng de dessertwijn aan de kook. Steek de stukjes rozemarijn hier en daar in de abrikozenhelften en laat deze voorzichtig in de pan glijden. Kook de abrikozen 15 minuten (draai ze af en toe om en zorg dat ze ondergedompeld blijven). Verwijder de vanillepeul. Verdeel de abrikozen met de siroop over dessertschaaltjes en laat ze afkoelen.

3 Rozemarijnthee

Breng (bron)water aan de kook en laat hierin enkele vooraf gewassen takjes rozemarijn trekken. Schenk de thee door een filter of theezeef en zoet de thee met honing of kandij.

2 Konijnenrug met rozemarijn en doperwten

voor 2 personen
voorbereiding 10 minuten
bereidingstijd 20 minuten

2 konijnenruggen
1 takje bloeiende rozemarijn van ongeveer 20 cm
200 g gedopte erwten
2 zongedroogde tomaten (op olie)
$1/2$ theelepel gemalen zwarte peper
2 eetlepels olijfolie
$1/2$ eetlepel fleur de sel

Was het takje rozemarijn, sla het uit en trek de blaadjes eraf.
Laat de zongedroogde tomaten uitlekken op keukenpapier.
Verwarm de oven voor op 200 °C.
Snijd de konijnenruggen overlangs in, bestrooi ze met de zwarte peper en de blaadjes van een half takje rozemarijn en leg de zongedroogde tomaten erop. Bind ze met keukentouw dicht (zoals een rollade). Leg ze in een kleine ovenschaal, besprenkel ze met 1 eetlepel olijfolie, schuif de schaal in de oven en bak de konijnenruggen 20 minuten.
Bak de doperwten in 1 eetlepel olijfolie met de rest van de rozemarijn 7 tot 8 minuten.
Schep de doperwten rondom de konijnenruggen. Strooi het fleur de sel erover, versier het gerecht met rozemarijnbloemen en serveer het meteen.

4 Rozemarijnspiesjes met mozzarella

voor 2 personen
voorbereiding 10 minuten
bereidingstijd 5 minuten

2 bollen mozzarella
2 mooie tomaten
2 takjes rozemarijn
4 eetlepels olijfolie
1/2 theelepel gemalen pepermix (zie blz. 10)
1/2 theelepel fleur de sel
2 satéstokjes

Dompel de tomaten aan een vork 1 minuut in kokend water en verwijder het vel. Snijd ze in parten en verwijder de zaadjes.
Was de takjes rozemarijn en sla ze uit.
Verwarm de oven voor op 200 °C.
Leg de bollen mozzarella elk op een vierkant vel aluminiumfolie. Steek de takjes rozemarijn erin. Rijg de stukken tomaat aan de satéstokjes en steek ook deze in de mozzarellabollen.
Vouw de hoeken van de aluminiumfolie iets naar boven en zet de pakketjes op een bakplaat. Bak de spiesen 3 tot 4 minuten.
Leg de mozzarellaspiesen op de borden, besprenkel ze met olijfolie en strooi de pepermix en het fleur de sel erover.
Serveer er geroosterd brood bij.

5 Poon met citroen en rozemarijn

voor 2 personen
voorbereiding 10 minuten
bereidingstijd 15 minuten

4 kleine ponen
1 citroen
2 takjes rozemarijn
4 eetlepels olijfolie
1 theelepel venkelzaadjes
1/2 theelepel gemalen witte peper
1/2 theelepel fleur de sel

Laat de ponen door de vishandelaar schoonmaken.
Was de citroen en droog hem af. Schil de citroen met een dunschiller en snijd de schil in reepjes. Was de takjes rozemarijn, sla ze uit en trek de blaadjes eraf.
Verdeel over een bakplaat de olijfolie, de venkelzaadjes, de reepjes citroenschil, de witte peper en de blaadjes rozemarijn.
Voeg de ponen toe, rol ze door de marinade en laat ze 1 uur marineren.
Verwarm de oven voor op 200 °C. Bak de ponen in de marinade 15 minuten in de oven (bedruip ze halverwege). Strooi vlak voor het serveren het fleur de sel erover. Serveer dit gerecht met aardappelpuree of gestoomde venkelknollen.

6 Ingemaakte citroenen met rozemarijn

voor 6 citroenen
bereidingstijd 20 minuten

6 citroenen
3 takjes rozemarijn
1 theelepel jeneverbessen
1 Spaanse peper
5 eetlepels grof zout

Was de takjes rozemarijn, sla ze uit en trek de blaadjes eraf. Was de citroenen. Prik met een dikke naald gaatjes in de schil. Leg de citroenen in een kom, voeg 2 eetlepels grof zout toe en zet ze onder koud water. Laat de citroenen 24 uur marineren. Laat de citroenen uitlekken en kerf een kruisje in de uiteinden. Leg de citroenen in een glazen pot of stopfles en voeg de blaadjes rozemarijn, de jeneverbessen en de Spaanse peper toe. Strooi 3 eetlepels grof zout erover en zet de citroenen onder water. Sluit de pot of stopfles af en zet die ten minste 1 maand op een donkere en koele plek.

7 Pommes d'amour met rozemarijnbloemen

voor 2 personen
voorbereiding 15 minuten
bereidingstijd 10 minuten

2 appels
20 rozemarijnbloemen
100 g suikerklontjes
$1/2$ theelepel citroensap
2 stevige houten prikkers

Was de appels en droog ze af. Steek in elke appel een satéstokje.
Schenk voor de karamel 2 eetlepels (bron)water in een pan met antiaanbaklaag en voeg de suiker toe. Laat de suiker op een laag vuur oplossen. Roer het mengsel niet door, maar wacht geduldig tot je een honingkleurige karamel hebt.
Haal de pan van het vuur en voeg het citroensap toe. Rol de appels een voor een door de karamel en herhaal deze handeling tot de appels egaal bedekt zijn met de karamel.
Plak als de karamel nog zacht is de rozemarijnbloemen op de appels. Bewaar deze gekarameliseerde appels op een droge en stofvrije plek.

aromatische planten - rozemarijn

8 Aardbeienspiesjes met chocolade en rozemarijn

voor 2 personen
voorbereiding 10 minuten
bereidingstijd 3 minuten

12 aardbeien
100 g bittere chocolade
1 dl slagroom
1 eetlepel rozemarijnbloemen
4 satéstokjes

Was de aardbeien en dep ze droog.
Smelt de chocolade au bain marie. Haal de pan van het vuur en roer met een houten lepel de slagroom erdoor.
Rijg de aardbeien aan de satéstokjes, dompel de aardbeien tot de helft in het chocolademengsel en haal ze vervolgens door de rozemarijnbloemen. Laat de spiesjes afkoelen.
Serveer deze lekkernij met ijs.

Kaarslantaarns met rozemarijn

Omwikkel glazen potjes met raffia of touw en steek een takje rozemarijn tussen het touw en het glas. Plaats waxinelichtjes in de potjes. Deze kaarslantaarns verspreiden een heerlijk zoete lucht.

Bloemen

Oost-Indische kers, paardebloem, primula, viooltje, roos

Oost-Indische kers

De fluweelzachte bloempjes met subtiele rood-, oranje- en geeltinten van deze uit Latijns Amerika afkomstige plant hebben een pittige smaak. De planten kruipen over de grond en klimmen omhoog, ze verlevendigen grind, stenen muren en dood hout. De bloemen bloeien tot diep in de herfst, pas na de eerste nachtvorst is de betovering verbroken.

1 Salade van carambole, passievrucht, kumquat en Oost-Indische kers

voor 2 personen
bereidingstijd 15 minuten

1 carambole
1 passievrucht
2 kumquats
4 bloemen van Oost-Indische kers
2 takjes munt
$1/2$ citroen
1 theelepel bruine suiker

Pers de citroen uit. Was de takjes munt, sla ze uit en trek de blaadjes eraf.
Scheid de bloemblaadjes van de Oost-Indische kers.
Was de carambole en snijd hem in dunne plakjes.
Halveer de passievrucht en lepel het vruchtvlees eruit.
Was de kumquats en snijd ze in plakjes.
Verdeel over de borden de plakjes carambole, het vruchtvlees van de passievrucht en de plakjes kumquat.
Besprenkel de salade met het citroensap en strooi de bruine suiker erover.
Garneer de salade vlak voor het serveren met de bloemblaadjes en de blaadjes munt.

2 Rolletjes van Oost-Indische kers met verse geitenkaas

voor 4 personen
bereidingstijd 30 minuten

12 blaadjes van Oost-Indische kers met steel
1 verse jonge geitenkaas (chèvre frais)
$1/2$ theelepel gemalen selderiezaad
$1/2$ theelepel paprikapoeder
$1/2$ theelepel pepermix (zie blz. 10)
$1/2$ theelepel gemalen komijn
1 theelepel fijngehakte peterselie
1 theelepel fijngeknipt bieslook
enkele druppels tabasco
1 theelepel fleur de sel

Snijd het geitenkaasje in drie stukken en bereid drie verschillende geitenkaasmengsels.
Meng een derde van de geitenkaas met het selderiezaad, de peterselie, een paar druppels tabasco en een mespunt fleur de sel.
Meng een derde van de geitenkaas met het paprikapoeder, het bieslook en een mespunt fleur de sel.
Meng de rest van de geitenkaas met de pepermix, de gemalen komijn en een mespunt fleur de sel.
Was de blaadjes van de Oost-Indische kers en dep ze voorzichtig droog.
Schep 1 lepel van een van de geitenkaasmengsels op een blaadje.
Maak er een rolletje van en knoop dit vast met de stengel.
Maak op deze manier 4 rolletjes met dezelfde smaak.
Doe hetzelfde met de andere geitenkaasmengsels.
Verdeel de rolletjes over de borden en zet de borden tot het serveren in de koelkast. Serveer deze rolletjes als hapje bij de borrel en schenk er een glaasje gekoelde rosé bij.

bloemen - Oost-Indische kers

3 Komkommersoep met Oost-Indische kers

voor 4 personen
bereidingstijd 20 minuten

2 komkommers
8 blaadjes van Oost-Indische kers
8 bloemen van Oost-Indische kers
2 takjes munt
1 bouillonblokje
2 dl slagroom
$1/2$ theelepel pepermix (zie blz. 10)
4 theelepels olijfolie
$1/2$ theelepel fleur de sel

Los het bouillonblokje op in een glas heet water. Schil de komkommers en snijd ze in stukken.
Was de takjes munt, sla ze uit en trek de blaadjes eraf.
Was de blaadjes van de Oost-Indische kers en sla ze uit.
Pureer de stukken komkommer, de bouillon, de room, de blaadjes munt en de helft van de blaadjes van de Oost-Indische kers in de keukenmachine.
Roer de pepermix door het mengsel en zet het in de koelkast.
Schenk de soep voor het serveren in kommen, voeg per kom 1 theelepel olijfolie toe en strooi het fleur de sel erover. Garneer de kommen met de bloemen.

4 Kaarslantaarns met Oost-Indische kers

enkele blaadjes van Oost-Indische kers zonder steel
enkele stukjes raffia
enkele waxinelichtjes
vuurvaste glazen waarin een waxinelichtje past

Druk de blaadjes van de Oost-Indische kers tegen het glas en wikkel de raffia eromheen.
Zet in elk glas een waxinelichtje.
Deze kaarslantaarns verspreiden de hele avond een heerlijke geur.

5 Kaasplankje met Oost-Indische kers

Serveer de kaasjes op gewassen blaadjes van Oost-Indische kers. Druk enkele bloemblaadjes op en tegen de kaasjes.
Zo geef je het kaasplankje een zomers uiterlijk en een persoonlijk tintje.

6 Tafelloper van Oost-Indische kers

Vul een paar kleine kommetjes met water en blaadjes en bloemen van Oost-Indische kers. Zet ze op een rij op de tafel, zodat ze een soort tafelloper vormen.
Bloemen van Oost-Indische kers kunnen tegen een stootje en maken van de eenvoudigste tafel iets heel feestelijks.

7 Rucola met coppa, parmezaanse kaas en Oost-Indische kers

voor 2 personen
voorbereiding 10 minuten
bereidingstijd 2 minuten

50 g rucola
8 plakken coppa
8 plakken parmezaanse kaas
8 bloemen van Oost-Indische kers
16 kleine zwarte olijven
2 eetlepels olijfolie
1 eetlepel balsamicoazijn
$1/2$ theelepel pepermix (zie blz. 10)
$1/2$ theelepel fleur de sel

Was de rucolablaadjes en sla ze uit.
Scheid de bloemblaadjes van de Oost-Indische kers.
Bak de plakken coppa 2 minuten in een koekenpan.
Verdeel de rucola over de borden en voeg de plakken coppa, de plakken parmezaanse kaas en de olijven toe. Besprenkel de salade met de olijfolie en de balsamicoazijn.
Strooi de pepermix, het fleur de sel en de bloemblaadjes erover en dien deze salade meteen op.

8 Vanille-ijs met Oost-Indische kers

voor 2 personen
bereidingstijd 5 minuten

6 bloemen van Oost-Indische kers
2 eetlepels perziklikeur
4 bolletjes vanille-ijs
2 koekjes

Scheid de bloemblaadjes.
Schenk de perziklikeur in glazen, voeg de bolletjes vanille-ijs toe en garneer met de bloemblaadjes. Serveer deze ijscoupes meteen en geef er koekjes bij.

bloemen - Oost-Indische kers

9 Servetversiering van Oost-Indische kers

enkele blaadjes van Oost-Indische kers met lange steel
enkele bloemen van Oost-Indische kers met steel

Vouw het servet in een mooie vorm en bind het vast met de steel van een blaadje van de Oost-Indische kers. Schuif het steeltje van de bloemen tussen de steel van het blad en het servet.

10 Kipfilet met tomaten en Oost-Indische kers

voor 2 personen
voorbereiding 15 minuten
bereidingstijd 15 minuten

2 kipfilets
150 g kerstomaatjes
12 bloemen van Oost-Indische kers
2 jonge uitjes
2 takjes tijm
1 citroen
2 eetlepels olijfolie
$1/2$ theelepel gemalen pepermix (zie blz. 10)
$1/2$ theelepel fleur de sel

Pers de citroen uit en snijd de uitjes in ringetjes.
Was de takjes tijm, sla ze uit en trek de blaadjes eraf.
Snijd de kipfilets overdwars door.
Leg ze in een ovenschaal in een marinade van het citroensap, de olijfolie, de uiringen, de tijm en de pepermix. Laat de kipfilets 1 uur in de koelkast marineren (draai ze halverwege om).
Was de tomaatjes en halveer ze.
Verwarm de oven voor op 180 °C.
Leg de tomaatjes rond de kipfilets in de ovenschaal.
Schuif de schaal in de oven en bak het gerecht 15 minuten.
Snijd de kipfilets in plakken en verdeel ze over de borden.
Voeg de tomaten, de marinade en de bloemen toe. Strooi het fleur de sel erover en serveer dit gerecht meteen.

Paardebloem

Deze plant, die ook wel leeuwentand wordt genoemd, draagt bloemen als zonnetjes die de weiden in de lente verlichten. Op de vrucht bevindt zich een pluimpje dat zich bij het kleinste zuchtje wind in de lucht verspreidt. De blaadjes zijn heerlijk in salades en de naar honing smakende bloemen parfumeren en verfraaien talrijke gerechten.

Tagliatelle met paardebloemen, gerookte eendenborstfilet en truffelolie

voor 2 personen
voorbereiding 10 minuten
bereidingstijd 3 minuten

200 g verse tagliatelle
10 paardebloemknoppen
2 geopende paardebloemen
6 plakken gerookte eendenborstfilet
1 eetlepel truffelolie
30 g boter
$1/2$ theelepel gemalen pepermix (zie blz. 10)
$1/2$ theelepel fleur de sel

Bak de paardebloemknoppen in de boter in een pan met antiaanbaklaag.
Snijd de eendenborstfilet in reepjes.
Scheid de bloemblaadjes van de paardebloemen.
Kook de tagliatelle 3 minuten in een grote pan met gezouten water. Laat de tagliatelle uitlekken en schenk 1 eetlepel truffelolie erover.
Verdeel de tagliatelle over de borden en voeg de bloemknoppen en de reepjes eendenborstfilet toe. Strooi bloemblaadjes, de pepermix en het fleur de sel erover en serveer dit gerecht warm.

1 Bietensoep met paardebloemen

voor 2 personen
bereidingstijd 10 minuten

2 gekookte bieten
6 blaadjes van paardebloem
6 paardebloemen
2 eetlepels yoghurt
$1/2$ citroen
$1/2$ theelepel gemalen korianderzaad
$1/2$ theelepel fleur de sel

Pers de citroen uit.
Was de blaadjes van de paardebloem en laat ze uitlekken.
Hak ze fijn en roer ze door het citroensap.
Schil de bieten en pureer ze. Voeg de fijngehakte paardebloemblaadjes, de yoghurt, de koriander en het fleur de sel toe.
Zet de soep in de koelkast.
Scheid de bloemblaadjes van de paardebloemen.
Schenk de bietensoep in kommen en strooi in het midden de bloemblaadjes.

bloemen - paardebloem

2 Blinde vinken met uitjes en paardebloemen

voor 2 personen
voorbereiding 10 minuten
bereidingstijd 15 minuten

2 blinde vinken
20 paardebloemknoppen
2 geopende paardebloemen
6 jonge uitjes
20 g boter
2 eetlepels olijfolie
150 g peultjes
$1/2$ theelepel fleur de sel
$1/2$ theelepel gemalen pepermix (zie blz. 10)

Schil de uitjes en snijd ze overlangs in parten.
Fruit de uitjes in de boter en de olijfolie in een gietijzeren stoofpan. Voeg de blinde vinken toe en sluit de pan af. Laat het vlees 15 minuten sudderen.
Kook de peultjes 5 minuten in een grote pan met gezouten water.
Strooi de paardebloemknoppen in de pan met de blinde vinken, voeg het fleur de sel en de pepermix toe en laat het geheel met het deksel op de pan nog 5 minuten pruttelen.
Laat de peultjes uitlekken, schep ze in de pan, roer het geheel door elkaar en verdeel het over de borden.
Strooi de gescheiden bloemblaadjes erover en dien het gerecht meteen op.

3 Bloemige borden

Fleur je tafel op door paardebloemen in diepe borden met een beetje water te leggen.

4 Paardebloemensalade met kwarteleitjes

voor 2 personen
voorbereiding 10 minuten
bereidingstijd 5 minuten

100 g blaadjes van wilde paardebloem
4 geopende paardebloemen
4 kwarteleitjes
6 kerstomaatjes
1 takje dragon
$1/2$ theelepel mosterd
1 theelepel azijn
2 eetlepels olijfolie
2 mespunten zout
2 mespunten peper

Was de paardebloemblaadjes en sla ze uit.
Was het takje dragon, sla het uit en hak het fijn.
Meng voor de vinaigrette de mosterd, het zout, de peper, de azijn en de olijfolie.
Was de tomaatjes, dep ze droog en halveer ze.
Bak de kwarteleitjes.
Verdeel de paardebloemblaadjes over de borden en sprenkel de vinaigrette erover. Leg de halve tomaatjes en de gebakken eitjes erop. Strooi de dragon erover, garneer de salade met de bloemen en dien hem meteen op.

5 Spiesjes met garnalen en paardebloemknoppen

voor 4 personen
voorbereiding 10 minuten
bereidingstijd 5 minuten

12 voorgekookte steurgarnalen
12 paardebloemknoppen
4 geopende paardebloemen
1/2 citroen
2 eetlepels olijfolie
1/2 theelepel gemalen pepermix (zie blz. 10)
1/2 theelepel fleur de sel
satéstokjes

Pers de citroen uit.
Verwijder de kop van de steurgarnalen en pel de staart.
Scheid de bloemblaadjes van de geopende paardebloemen.
Rijg afwisselend de garnalenstaarten en de paardebloemknoppen aan de satéstokjes.
Bak de spiesjes 5 minuten in de olijfolie in een koekenpan (draai ze halverwege om).
Bestrooi de spiesjes met de pepermix en het fleur de sel.
Sprenkel het citroensap erover en garneer de spiesjes met de bloemblaadjes.
Serveer deze spiesjes als hapje vooraf met een glaasje goed gekoelde, droge witte wijn.

6 Paardebloemenjam

voor 6 tot 8 potjes
voorbereiding 30 minuten
bereidingstijd 1 uur 10 minuten

450 g bloemblaadjes van paardebloemen
400 g appels
850 g kristalsuiker
1 citroen

Was de appels en droog ze af. Hak ze grof.
Pers de citroen uit.
Schep de appels in een grote pan en voeg het citroensap en de bloemblaadjes toe. Schenk 7,5 dl water erbij en breng het geheel aan de kook.
Draai het vuur lager en laat het geheel 45 minuten zachtjes koken.
Schenk het mengsel door een zeef en filter het sap.
Weeg het sap en meng het met hetzelfde gewicht aan kristalsuiker. Kook dit mengsel 25 minuten in de grote pan.
Kook de jampotjes uit en vul ze met de jam.
Laat de jam afkoelen en bedek het oppervlak met cellofaan- of paraffinepapier.
Bewaar de potjes op een donkere plek.

Lavendel

De verrukkelijk geurende, violette aren van de lavendel nodigen uit om ze tussen je vingers te wrijven en de subtiele geur ervan te ruiken. De zonovergoten bloemen geven ijs, thee en gebak een heerlijke geur en smaak. Bovendien heeft de bloemenessence een antiseptische, rustgevende en ontspannende werking.

1 Geurig lavendelboeketje

Maak een boeketje van heerlijk geurende lavendelbloemen en leg het tussen het linnengoed of hang het ergens in huis op.
De bloemen moeten even hoog zijn en de stelen even lang.
Bind het boeketje vast met een stukje touw of raffia net onder de bloemen.
Vouw de stelen zonder ze te breken om de bloemen. Bind ze bij elkaar met een lint of raffia.

2 Abrikozencompote met slagroom en lavendelbloemen

voor 4 personen
voorbereiding 10 minuten
bereidingstijd 15 minuten

300 g rijpe abrikozen
2,5 dl slagroom
8 bloeiende takjes lavendel
$1/2$ citroen
1 theelepel balsamicoazijn
1 eetlepel bruine suiker
1 eetlepel poedersuiker

Pers de citroen uit.
Leg 4 takjes lavendel apart en trek van de andere 4 takjes de bloempjes af.
Halveer de abrikozen, verwijder de pitten en leg de abrikozenhelften in een kookpan. Voeg het citroensap, de lavendelbloemen, de balsamicoazijn en de bruine suiker toe en laat het geheel op een laag vuur 15 minuten zachtjes koken.
Klop de slagroom met enkele druppels citroensap en de poedersuiker stijf.
Schenk de compote in glazen en laat hem afkoelen.
Schep in elk glas boven op de compote een dot slagroom, versier de glazen met een takje lavendel en serveer ze meteen.

bloemen - lavendel

3 Honing met lavendelbloemen

voor 1 pot honing
voorbereiding 5 minuten
bereidingstijd 10 minuten

1 pot gewone honing
6 bloeiende takjes lavendel

Trek voorzichtig de bloempjes van de takjes lavendel.
Schenk de honing in een pan, voeg de lavendelbloempjes toe en verwarm de honing 10 minuten op een laag vuur. De honing mag niet koken.
Schenk de honing in een pot en laat hem afkoelen. De lavendelbloemen geven hun geur en smaak af aan de honing.

4 Lavendelkrans

Bind takjes lavendel samen met behulp van dun ijzerdraad en maak er een cirkel van.
Voeg olijfblad toe, dat je zo vastmaakt met raffia dat het ijzerdraad niet meer te zien is. Hang de lavendelkrans op aan een stukje raffia.

5 Lamskoteletjes met lavendel

voor 2 personen
voorbereiding 5 minuten
bereidingstijd 10 minuten

4 lamskoteletjes
4 nieuwe aardappels
4 bloeiende takjes lavendel
1 takje rozemarijn
2 eetlepels olijfolie
$1/2$ theelepel gemalen pepermix (zie blz. 10)
$1/2$ theelepel fleur de sel

Trek voorzichtig de bloempjes van de takjes lavendel. Was het takje rozemarijn, sla het uit en trek de blaadjes eraf.
Was de aardappels, droog ze af en snijd ze in plakjes. Leg de lamskoteletjes in een schaal met 1 eetlepel olijfolie, de blaadjes rozemarijn en de pepermix. Laat de koteletjes 1 uur marineren (draai ze halverwege de marineertijd om).
Bak de aardappelschijfjes in 1 eetlepel olijfolie in de koekenpan.
Bak in een andere koekenpan de koteletjes mooi bruin (voeg ook de marinade en de lavendelbloemen toe).
Leg de koteletjes op de borden en voeg de gebakken aardappelschijfjes en de lavendelbloemen toe. Strooi het fleur de sel erover en serveer de koteletjes meteen.

bloemen - lavendel

6 Lavendelthee

Kook (bron)water en voeg per glas $^1/_2$ theelepel honing en enkele lavendelbloemen toe.
Dek het glas af en laat de lavendelbloemen 10 minuten trekken.

7 Zandkoekjes met lavendel

voor 500 g deeg
voorbereiding 25 minuten
bereidingstijd 20 minuten

250 g bloem
125 g boter
125 g fijne kristalsuiker
1 ei
enkele druppels lavendelolie
6 bloeiende takjes lavendel

Verwarm de oven voor op 180 °C.
Trek de bloempjes van de takjes lavendel af.
Breek het ei boven een grote kom en spatel de fijne kristalsuiker erdoor tot je een lichtgeel en schuimig mengsel hebt.
Spatel de lavendelolie, de bloemen en de gezeefde bloem erdoor. Kneed het deeg met je vingers tot het brokkelig is.
Leg het deeg op een werkblad en kneed de zacht gemaakte boter erdoor. Maak een bal, bestuif de deegroller met meel en rol de deegbal uit tot een lap van 2 cm dik. Steek rondjes uit het deeg en leg deze op een met vetvrij papier bedekte bakplaat.
Bak de koekjes ongeveer 20 minuten.
Schep de koekjes met een spatel van de bakplaat en laat ze op een ovenrooster afkoelen.
Deze koekjes blijven in een metalen koektrommel 15 dagen goed.

bloemen - lavendel

8 Crottins met amandelen en lavendel

voor 4 crottins
bereidingstijd 10 minuten

4 crottins de Chavignol (scherpe geitenkaasjes)
12 blanke amandelen
4 bloeiende takjes lavendel
2 eetlepels olijfolie

Hak de amandelen fijn.
Trek de bloempjes van de takjes lavendel af en roer ze in een ondiep bord door de fijngehakte amandelen.
Dompel de crottins in de olijfolie en haal ze vervolgens door het lavendel-amandelmengsel.
Leg de kaasjes op kleine borden en serveer ze samen met geroosterd meergranenbrood.

9 Lavendelazijn

voor 5 dl azijn
bereidingstijd 5 minuten

5 dl witte azijn
4 bloeiende takjes lavendel
10 zwartepeperkorrels
1 teentje knoflook

Pel het teentje knoflook.
Schenk de azijn in een fles en voeg de peperkorrels, het teentje knoflook en de takjes lavendel toe.
Sluit de fles af en zet hem enkele dagen op een donkere plek.

10 Lavendelijs

voor 4 personen
bereidingstijd 5 minuten

1 blik gecondenseerde melk
3 dl scheproom
1 theelepel lavendelolie
4 bloeiende takjes lavendel
1 dl crème de cassis (zwartebessenlikeur) of
 crème de framboise (frambozenlikeur)
4 gekarameliseerde amandelkoekjes

Meng de gecondenseerde melk, de scheproom en de lavendelolie. Schenk dit mengsel in een ijsmachine of in een bak die je in de vriezer zet (roer in dit geval het mengsel af en toe door met een vork om de ijskristallen te breken). Schenk een scheutje crème de cassis in de ijscoupes, voeg per coupe 2 of 3 bolletjes ijs toe en strooi enkele lavendel-bloempjes erover. Serveer de amandelkoekjes erbij.

11 Gemarineerde aardbeien

voor 2 personen
bereidingstijd 10 minuten

200 g aardbeien
4 bloeiende takjes lavendel
1,5 dl zoete witte wijn
2 eetlepels lavendelazijn (zie blz. 66)
2 eetlepels fijne kristalsuiker

Trek voorzichtig de bloempjes van de takjes lavendel af.
Was de aardbeien, laat ze uitlekken en verwijder de kroontjes.
Schep de aardbeien in een grote kom, schenk de lavendelazijn erover en bestrooi ze met de fijne kristalsuiker en de lavendelbloemen.
Laat de aardbeien 1 uur marineren.
Verdeel de aardbeien over schaaltjes, schenk een scheutje zoete witte wijn erover en serveer ze meteen.

12 Kaarslantaarn met lavendel

Maak van soepel ijzerdraad een cirkel, maak hieraan takjes lavendel vast en knoop het ijzerdraad om een vuurvast glas, waarin je een waxinelichtje zet.
Zo heb je een mooie, warme en geurige tafeldecoratie.

bloemen - primula

Primula

De bloemblaadjes van deze in weiden en bossen groeiende voorjaarsplant zijn hartvormig met een goudgeel puntje. De kern van de bloemen is net een zonnetje. De tedere bloemen zijn het bewijs van de zich aankondigende lente en hebben een heerlijke honingsmaak.

1 Gevulde minigroenten met primulabloemen

voor 4 personen
voorbereiding 15 minuten
bereidingstijd 25 minuten

8 mini-aubergines
8 minicourgettes
2 kipfilets
12 primulabloemen
2 eetlepels gemalen amandelen
$1/2$ theelepel kurkuma
50 g boter
2 eetlepels olijfolie
$1/2$ theelepel gemalen pepermix (zie blz. 10)
2 mespunten zout

Was de groenten en droog ze af. Snijd van elk exemplaar een kapje af en hol de binnenkant uit met een puntig mes. Bewaar het vruchtvlees.
Snijd de kipfilets overdwars door. Stoom ze 10 minuten en laat ze afkoelen tot ze lauwwarm zijn.
Verwarm de oven voor op 180 °C.
Scheid de bloemblaadjes van de primulabloemen.
Meng de kipfilets, de helft van de bloemblaadjes, het vruchtvlees van de groenten, de gemalen amandelen, de kurkuma, de boter, de pepermix en het zout.
Schep deze vulling in de uitgeholde aubergines en courgettes en zet de gevulde groenten in een ovenschaal. Leg de kapjes erop, besprenkel de gevulde groenten met de olijfolie, schuif ze in de oven en bak ze 15 minuten.
Serveer deze gevulde minigroenten met een groene salade en garneer ze met de rest van de bloemblaadjes.

2 Chocoladekrans met primulabloemen

voor 4 personen
voorbereiding 15 minuten
bereidingstijd 35 minuten

180 g bittere chocolade
12 primulabloemen
3 eieren
180 g fijne kristalsuiker
180 g boter
90 g bloem

Verwarm de oven voor op 180 °C.
Roer de eieren en de fijne kristalsuiker door elkaar.
Laat de chocolade au bain marie smelten en voeg de boter toe.
Meng het eimengsel en het chocolademengsel en voeg tegelijkertijd heel geleidelijk (om klonteren te voorkomen) de bloem toe.
Schenk het beslag in een met boter ingevette vorm, schuif deze in de oven en bak de chocoladekrans 35 minuten. Controleer regelmatig, want het is de bedoeling dat de krans binnenin zacht blijft.
Haal de krans uit de vorm, laat hem afkoelen en strooi vlak voor het serveren de bloemblaadjes erover.

bloemen - primula

3 Salade van frambozen en blauwe bosbessen met primulabloemen

voor 2 personen
bereidingstijd 10 minuten

150 g frambozen
150 g blauwe bosbessen
8 primulabloemen
2 eetlepels witte rum
1 eetlepel rietsuikerstroop

Scheid de bloemblaadjes van de primulabloemen.
Was de vruchten en dep ze droog.
Roer de rum, de rietsuikerstroop en de bloemblaadjes door elkaar, voeg de vruchten toe en laat de vruchten 1 uur marineren.
Verdeel de vruchten over glazen of schaaltjes en serveer ze goed gekoeld.

4 Gebraden kalfsvlees met bloedsinaasappels en primulabloemen

voor 4 personen
voorbereiding 10 minuten
bereidingstijd 40 minuten

1 kalfslende
4 bloedsinaasappels
16 primulabloemen
1 eetlepel honing
1 eetlepel sojasaus
2 eetlepels olijfolie
$1/2$ theelepel gemalen pepermix (zie blz. 10)
2 mespunten zout

Schil boven een plank voorzien van een jusgootje de sinaasappels dik met een kartelmes. Scheid de parten: steek het mes tussen de parten, tussen het membraan en het vruchtvlees.
Verwarm de olijfolie in een gietijzeren stoofpan. Braad hierin het vlees aan alle kanten bruin.
Voeg de sinaasappelparten met het sap, de honing, de sojasaus, het zout en een glas water toe. Dek de pan af en laat het geheel op een middelhoog vuur 40 minuten pruttelen. Voeg indien nodig nog wat water toe.
Snijd het vlees als het gaar is in plakken.
Verdeel de plakken vlees over de borden, voeg de sinaasappelparten toe en schenk de jus erover. Strooi de pepermix erover en garneer de borden met de primulabloemen. Dien dit gerecht meteen op.

bloemen - primula

5 Salade van asperges, sperziebonen en langoeststaarten met primulabloemen

voor 2 personen
voorbereiding 10 minuten
bereidingstijd 10 minuten

8 groene asperges
100 g sperziebonen
12 voorgekookte en gepelde langoeststaarten
12 primulabloemen
6 takjes bieslook
1 eetlepel frambozenazijn
2 eetlepels druivenpitolie
$^1/_2$ theelepel gemalen pepermix (zie blz. 10)
$^1/_2$ theelepel fleur de sel

Snijd de onderkant van de asperges en stoom de asperges
6 tot 7 minuten. Laat ze afkoelen en snijd ze overlangs door.
Haal de sperziebonen af en stoom de bonen 4 minuten.
Laat ze afkoelen.
Was de takjes bieslook, sla ze uit en knip ze fijn.
Scheid de bloemblaadjes van de primulabloemen.
Meng voor de vinaigrette de frambozenazijn, de druivenpitolie, de pepermix en het bieslook.
Verdeel de asperges, de sperziebonen en de langoeststaarten over de borden.
Sprenkel de vinaigrette erover en strooi het fleur de sel erover.
Garneer de salades met de bloemblaadjes en serveer ze meteen.

6 Primulathee

Laat enkele bloemblaadjes van primula's trekken in kokend water, zeef het water en zoet de thee met rietsuiker. Primulathee heeft een kalmerende werking en vermindert hoofdpijn.

Driekleurig viooltje

Het driekleurig viooltje, dat ook wel pensee wordt genoemd, heeft fluweelachtig roze, gele of paarse bloemblaadjes en een vriendelijk glimlachend gezichtje. Het palet van diepe kleuren verwarmt ons in hartje winter. Viooltjes hebben een bloedzuiverende werking en verlichten reumatische pijn.

1 Avocadosalade met steurgarnalen en viooltjes

voor 2 personen
bereidingstijd 10 minuten

1 avocado
10 voorgekookte steurgarnalen
2 driekleurige viooltjes
1 takje dille
$1/2$ citroen
1 theelepel sesamzaadjes
enkele druppels tabasco
1 eetlepel mayonaise

Was het takje dille, sla het uit en hak het fijn. Pers de citroen uit. Snijd de avocado overlangs door, verwijder de pit, haal het vruchtvlees eruit met een eetlepel en snijd het in dobbelsteentjes. Sprenkel het citroensap erover.
Pel de garnalen, houd vier staarten apart en snijd de rest in stukjes.
Rooster in een pan met antiaanbaklaag de sesamzaadjes in 1 minuut goudbruin.
Roer de mayonaise, de tabasco en de dille door elkaar. Voeg de stukjes avocado en stukjes garnaal toe.
Verdeel deze vulling over de avocadohelften. Leg de hele garnalen en de viooltjes erop. Strooi de sesamzaadjes erover en serveer deze salade meteen.

2 Schaal met drijfkaarsen en viooltjes

Vul een schaal met water en leg hierin viooltjes en drijfkaarsen. Een decoratief en 'verlichtend' idee voor op het midden van de tafel.

3 Wortelsoep met komijn, kervel en viooltjes

voor 2 personen
voorbereiding 15 minuten
bereidingstijd 15 minuten

bosje wortels (400 g)
$1/2$ theelepel komijn
2 takjes kervel
2 driekleurige viooltjes
1 dl slagroom
1 theelepel fijne kristalsuiker
1 eetlepel olijfolie
$1/2$ theelepel fleur de sel

Was de takjes kervel, sla ze uit en trek de blaadjes eraf. Schraap de wortels en snijd ze in plakjes. Bak ze samen met de olijfolie, de komijn en de suiker 3 tot 4 minuten.
Voeg 2 eetlepels water toe, dek de pan af en laat de wortels 10 minuten stoven.
Pureer de wortels in een keukenmachine terwijl je de room toevoegt. Leng de soep eventueel aan met water.
Scheid de bloemblaadjes van de viooltjes.
Verwarm de soep vlak voor het serveren. Strooi het fleur de sel en de kervel erover en garneer de soep met de bloemblaadjes.

4 Ananas-frambozensalade met champagne en viooltjes

voor 2 personen
bereidingstijd 10 minuten

1 kleine ananas
100 g frambozen
2 driekleurige viooltjes
1 takje verse munt
2 dl champagne
1 theelepel perziklikeur
1 theelepel poedersuiker

Schil de ananas en snijd het vruchtvlees in stukjes.
Was het takje munt, sla het uit en trek de blaadjes eraf.
Schep de ananas in een grote kom, voeg de frambozen toe, schenk de champagne (gemengd met de likeur) erover en voeg de viooltjes toe.
Strooi de poedersuiker en de blaadjes munt erover en serveer de vruchtensalade meteen.

5 Bloemrijke tafel

Versier je tafel als je een etentje geeft: leg hier en daar driekleurige viooltjes tussen de borden en de glazen.

2

3

4

6 Vijgen met honing, amandelen en viooltjes

voor 4 personen
voorbereiding 10 minuten
bereidingstijd 15 minuten

4 vijgen
4 eetlepels honing
1 eetlepel geschaafde amandelen
2 driekleurige viooltjes
2 takjes verse munt
1 theelepel balsamicoazijn

Verwarm de oven voor op 180 °C.
Snijd de steeltjes van de vijgen en snijd de vijgen in vieren (niet helemaal doorsnijden). Zet de vijgen in een ovenschaal. Roer de honing en de balsamicoazijn door elkaar, schenk dit mengsel over de vijgen en bak de vijgen 15 minuten in de oven.
Rooster de geschaafde amandelen in een pan met antiaanbaklaag in 1 tot 2 minuten goudbruin.
Was de takjes munt, sla ze uit en trek de blaadjes eraf. Scheid de bloemblaadjes van de viooltjes.
Haal de vijgen uit de oven, strooi de geroosterde amandelen erover en garneer ze met de bloemblaadjes en de blaadjes munt.
Serveer deze vijgen lauwwarm en geef er wat bolletjes vanille-ijs bij.

7 Knapperige salade met viooltjes

voor 2 personen
bereidingstijd 10 minuten

50 g bladspinazie
8 kerstomaatjes
8 radijsjes
50 g schapenkaas
4 driekleurige viooltjes
6 takjes bieslook
1 eetlepel citroensap
1 eetlepel sesamolie
1 eetlepel zonnebloemolie
1 theelepel sesamzaadjes
$^1/_2$ theelepel fleur de sel

Was de blaadjes spinazie en sla ze uit. Was de kerstomaatjes en halveer ze.
Was de radijsjes, verwijder indien nodig de bladeren en worteltjes en snijd ze in plakjes. Was de takjes bieslook, sla ze uit en knip ze fijn.
Snijd de schapenkaas in blokjes.
Meng voor de vinaigrette het citroensap, de sesamolie, de zonnebloemolie en het fijngeknipte bieslook.
Rooster de sesamzaadjes in een pan met antiaanbaklaag in 1 minuut goudbruin.
Verdeel de spinazie over de borden, voeg de halve tomaatjes, de plakjes radijs, de blokjes kaas en de viooltjes toe.
Sprenkel de vinaigrette erover en bestrooi de salade met de sesamzaadjes en het fleur de sel. Dien de salade meteen op.

Roos

Steek je neus eens in het hart van een roos en ervaar de lekkere geur, de tederheid, de frisheid. Proef de roos, voel de zachtheid ervan op de tong en geniet van die verrukkelijke smaak: wat een geluk! Slapen als een roos. Op rozen zitten.

1 Rozenthee

Laat bloemblaadjes van roze rozen trekken in gekookt (bron)water. Serveer de thee met limoen en suiker.

2 Rozenjam

voor 300 g jam
voorbereiding 20 minuten
bereidingstijd 40 minuten

150 g bloemblaadjes van roze rozen
250 g appels
300 g kristalsuiker
½ citroen

Pers de citroen uit.
Was de appels en snijd ze in stukjes (schil ze niet en laat het klokhuis zitten). Schep de stukjes appel in een kookpan met een dikke bodem, voeg 2,5 dl (bron)water toe en kook de stukjes appel 20 minuten. Voeg de bloemblaadjes en 1 dl (bron)water toe en kook de appels nog 10 minuten.
Druk de appels door een zeef. Filter de appelpuree door een fijne zeef.
Voeg de suiker en het citroensap toe. Breng het geheel aan de kook en laat het 10 minuten zachtjes koken.
Kook jampotten uit en vul deze met de jam. Laat de jam afkoelen en bedek het oppervlak met cellofaan- of paraffinepapier.

3 Langoeststaarten met wilde asperges en rozenblaadjes

voor 2 personen
voorbereiding 15 minuten
bereidingstijd 10 minuten

24 langoeststaarten
24 wilde asperges
12 bloemblaadjes van rozen
1,5 dl slagroom
½ theelepel sesamzaadjes
½ theelepel fleur de sel

Verwarm de room en strooi de rozenblaadjes erin om te trekken. Laat de room afkoelen.
Was de asperges en laat ze uitlekken. Kook ze enkele minuten in gezouten water.
Laat ze uitlekken en afkoelen.
Stoom de langoeststaarten in 4 tot 5 minuten gaar.
Rooster de sesamzaadjes in een pan met antiaanbaklaag in 1 minuut goudbruin.
Haal de rozenblaadjes uit de room en laat ze uitlekken op keukenpapier.
Verdeel de asperges over de borden, leg daarop de langoeststaarten en vervolgens de rozenblaadjes. Besprenkel de salade met de aromatische room en strooi de sesamzaadjes en het fleur de sel erover. Serveer de salade meteen.

bloemen - roos

4 Rozen-citroencocktail

voor 2 personen
bereidingstijd 5 minuten

2 dl wodka
20 bloemblaadjes van rozen
$1/2$ citroen
2 theelepels grove poedersuiker
4 blaadjes munt

Was de citroen en droog hem af. Verwijder de schil en snijd die in stukjes.
Laat de rozenblaadjes en de citroenschil enkele uren trekken in de wodka. Zet de cocktail even in de vriezer.
Voeg vlak voor het serveren de poedersuiker en de blaadjes munt toe.

5 Toast met tarama en rozenblaadjes

voor 4 personen
bereidingstijd 10 minuten

4 sneetjes casinobrood (volkoren)
200 g tarama (viskuit vermengd met broodkruim, melk, eierdooier en citroen)
12 bloemblaadjes van rozen
1 limoen
2 takjes dille

Was de takjes dille, sla ze uit en trek de blaadjes eraf.
Was de limoen, droog hem af en snijd hem in heel dunne schijfjes.
Rooster de sneetjes brood, bestrijk ze met de tarama en snijd ze in drieën.
Garneer de toastjes met een schijfje limoen en dille.
Leg op elk schijfje limoen een bloemblaadje en serveer de toastjes meteen.

6 Taartjes met citroenschuim en rozenblaadjes

voor 4 personen
voorbereiding 20 minuten
bereidingstijd 18 minuten

1 portie zanddeeg (voor het bekleden van 4 taartvormpjes)
4 citroenen
12 bloemblaadjes van rozen
1 blik gecondenseerde melk
4 eieren
1 flinke theelepel geschaafde amandelen
2 eetlepels poedersuiker

Verwarm de oven voor op 180 °C.
Bekleed 4 afzonderlijke taartvormpjes met het deeg. Leg daarop een velletje vetvrij papier en vul de vormpjes met bonen of rijst om te voorkomen dat het deeg gaat rijzen.
Bak de taartvormpjes 15 minuten in de oven.
Pers de citroenen uit. Meng de gecondenseerde melk, het citroensap en de eidooiers.
Voeg aan de eiwitten 1 eetlepel poedersuiker toe en klop de eiwitten stijf.
Haal de taartvormpjes uit de oven en laat ze afkoelen. Vul ze met de citroencrème en voeg vervolgens de geklopte eiwitten toe. Strooi de geschaafde amandelen erover en zet de taartjes 3 minuten onder de ovengrill (houd ze goed in de gaten).
Laat de taartjes afkoelen. Garneer ze voor het serveren met de rozenblaadjes en strooi de poedersuiker erover.

7 Frambozengebakjes met rozenblaadjes

voor 2 personen
bereidingstijd 5 minuten

2 zachte koekjes (bijvoorbeeld makronen)
6 verse frambozen
8 bloemblaadjes van rozen
1 theelepel poedersuiker

Stoom de rozenblaadjes 10 seconden en bestrooi ze met de poedersuiker.
Snijd de makronen horizontaal door, leg op twee van de helften 3 frambozen en leg de andere helften erop. Strooi rozenblaadjes eromheen en bestrooi ze met poedersuiker. Serveer deze makronen meteen.

8 Vaas met rozen in rozenwater

Schenk speciale kleurstof voor bloemwater in een glazen vaas. Stem de kleur af op die van de rozen die u in de vaas zet.

Schoteltje met rozenblaadjes

Leg rozenblaadjes tussen twee glazen schoteltjes om je eettafel op te fleuren.

Maarts viooltje

Zoek in het onderhout of greppels naar deze violette of witte juweeltjes. Ruik die bedwelmende geur, bekijk de verfijnde bloemblaadjes en proef de broosheid: dát is het maarts viooltje.

1 Geur en kleur

Leg bloemen en blaadjes van maartse viooltjes in een met water gevuld diep bord en je hebt een prachtige en heerlijk geurende tafelversiering.

2 Vinaigrette met viooltjes

voor 4 personen
bereidingstijd 5 minuten

12 bloemen van maartse viooltjes
3 jonge uitjes
1 theelepel Meaux-mosterd
1 eetlepel azijn van maartse viooltjes (laat enkele bloemblaadjes een paar dagen trekken in een kleine karaf met witte azijn)
2 eetlepels olijfolie
$1/2$ theelepel gemalen pepermix (zie blz. 10)
$1/2$ theelepel fleur de sel

Schil de uitjes en snijd ze in dunne ringen.
Roer de mosterd, de uiringen, de azijn, de olijfolie, de pepermix, het fleur de sel en 2 eetlepels warm water door elkaar.
Schud het mengsel in een potje of roer het door tot je een lobbige dressing hebt.
Gebruik deze vinaigrette over verse groenten en salades en voeg vlak voor het serveren de bloempjes toe.

3 Avocadosoep met zalmeitjes en maartse viooltjes

voor 2 personen
bereidingstijd 15 minuten

1 avocado
2 eetlepels zalmeitjes
12 maartse viooltjes
1 citroen
$1/2$ bouillonblokje
$1/2$ theelepel gemalen pepermix (zie blz. 10)
$1/2$ theelepel fleur de sel

Pers de citroen uit.
Los het bouillonblokje op in een klein glas water.
Snijd de avocado overlangs door, verwijder de pit en schep het vruchtvlees eruit.
Pureer het vruchtvlees samen met het citroensap en de bouillon in een keukenmachine.
Voeg de pepermix, het fleur de sel en 10 van de bloempjes toe en roer deze ingrediënten goed door de soep.
Schenk de soep in glazen, voeg per glas 1 eetlepel zalmeitjes toe en garneer de glazen met een maarts viooltje.

bloemen - maarts viooltje

4 Salade van radijsjes, doperwten, peultjes, courgettes en maartse viooltjes

voor 2 personen
voorbereiding 15 minuten
bereidingstijd 4 minuten

6 radijsjes
50 g radijskiemen
100 g doperwten
100 g peultjes
4 minicourgettes
12 maartse viooltjes
2 takjes bieslook
2 eetlepels olijfolie
2 eetlepels citroensap
$1/2$ theelepel gemalen pepermix (zie blz. 10)
$1/2$ theelepel fleur de sel

Was de radijsjes, verwijder indien nodig het blad en de worteltjes en snijd de radijsjes in plakjes.
Was de doperwten, de peultjes en de minicourgettes.
Stoom deze groenten 4 minuten en laat ze afkoelen.
Was het bieslook, sla het uit en knip het fijn.
Meng voor de vinaigrette de olijfolie, het citroensap en het bieslook.
Verdeel de plakjes radijs, de radijskiemen, de doperwten, de peultjes en ten slotte de in plakjes gesneden minicourgettes over 2 glazen.
Schenk de vinaigrette erover en strooi de pepermix en het fleur de sel erover. Garneer de salades met de bloempjes en serveer ze meteen.

5 Gesuikerde viooltjes

Stoom wat maartse viooltjes enkele seconden boven (bron)water en rol ze vervolgens door fijne kristalsuiker. Gebruik deze gesuikerde viooltjes voor het garneren en parfumeren van ijs of zuivelproducten.

bloemen - maarts viooltje

6 Cocktail van maartse viooltjes

voor 4 personen
bereidingstijd 5 minuten

viooltjeslikeur
orgeadesiroop
4 maartse viooltjes
1/2 citroen
2 eetlepels fijne kristalsuiker

Was de halve citroen, schil hem met een dunschiller en hak de schil fijn.
Los een scheut orgeadesiroop op in een karaf met koud (bron)water.
Strooi de suiker op een bord en roer de fijngehakte citroenschil erdoor.
Vul een klein bord met water. Druk de rand van de glazen in het water en vervolgens in het suiker-citroenschilmengsel.
Schenk een scheutje viooltjeslikeur in alle glazen en vervolgens de orgeadesiroop. Versier de rand van de glazen met een viooltje en serveer de cocktails meteen.

7 Aardbeiensoep met blauwe bosbessen en maartse viooltjes

voor 2 personen
bereidingstijd 10 minuten

150 g aardbeien
50 g blauwe bosbessen
12 maartse viooltjes
1/2 citroen
1 theelepel fijne kristalsuiker

Was de halve citroen, schil hem met een dunschiller en snijd de schil in dunne reepjes.
Pers de halve citroen uit.
Was de aardbeien, verwijder de kroontjes en laat ze uitlekken.
Pureer de aardbeien met de kristalsuiker en het citroensap.
Was de blauwe bosbessen en laat ze uitlekken.
Schenk de aardbeiensoep in de borden en voeg de blauwe bosbessen, de reepjes citroenschil en de viooltjes toe.
Serveer deze soep goed gekoeld en geef zandkoekjes erbij.

Vruchten

Bosaardbei, framboos, appel,
hazelnoot, walnoot, kastanje

…

Bosaardbei

Robijnrode hartjes die tevoorschijn komen tussen de oude bladeren van de vorige herfst, vruchtjes die beschermd worden door donzige blaadjes... dit is de bosaardbei, de kwetsbare zoete vrucht met een unieke smaak.

1 Gerookte poonfilet met asperges en bosaardbeien

voor 2 personen
voorbereiding 15 minuten
bereidingstijd 10 minuten

4 gerookte poonfilets
12 kleine groene asperges
150 g bosaardbeien
10 venkelzaadjes
1/2 citroen
2 eetlepels olijfolie
1/2 theelepel gemalen witte peper
1/2 theelepel fleur de sel

Snijd de harde onderkant van de groene asperges.
Kook de asperges 6 tot 7 minuten in gezouten water. Laat ze uitlekken en afkoelen.
Pers de citroen uit. Meng het citroensap met de olijfolie en de venkelzaadjes.
Was de bosaardbeien en verwijder de kroontjes. Laat ze uitlekken op keukenpapier.
Verdeel de gerookte poonfilets en de asperges over de borden.
Sprenkel de vinaigrette erover.
Voeg de bosaardbeien toe en strooi de witte peper en het fleur de sel erover. Dien dit gerecht meteen op.

2 Kwarkmousse met bosaardbeien

voor 2 personen
bereidingstijd 15 minuten

150 g kwark
1,5 dl slagroom
150 g bosaardbeien
1 eetlepel citroensap
1 eetlepel fijne kristalsuiker
1 theelepel poedersuiker

Was de bosaardbeien, verwijder de kroontjes en laat ze uitlekken op keukenpapier. Houd 4 hele bosaardbeien apart voor de garnering. Pureer de rest van de aardbeien met het citroensap en de fijne kristalsuiker tot je een gladde saus hebt.
Klop de slagroom met enkele druppels citroensap en de poedersuiker stijf.
Meng de kwark met de slagroom en de helft van de aardbeiensaus.
Schenk de rest van de aardbeiensaus in glazen, voeg de mousse toe en zet de glazen zolang in de koelkast.
Garneer de mousse vlak voor het serveren met de bewaarde bosaardbeien.

3 Bietenmousse met alfalfa en bosaardbeien

voor 2 personen
bereidingstijd 10 minuten

1 kleine gekookte biet
1 pakje alfalfa
60 g bosaardbeien
$1/2$ citroen
1 dl slagroom
1 eetlepel olijfolie
$1/4$ theelepel gemalen pepermix (zie blz. 10)
$1/4$ theelepel fleur de sel

Pers de citroen uit.
Pureer de biet samen met de slagroom en het citroensap in de keukenmachine. Zet de mousse in de koelkast.
Was de bosaardbeien en verwijder de kroontjes. Laat ze uitlekken op keukenpapier.
Breng de alfalfa op smaak met de olijfolie, de pepermix en het fleur de sel.
Schep de bietenmousse in glazen of schaaltjes en schep de alfalfa en de bosaardbeien erop. Serveer de mousse meteen of bewaar hem in de koelkast.

4 Gepocheerde perziken met bosaardbeiensaus

voor 2 personen
voorbereiding 15 minuten
bereidingstijd 15 minuten

3 gele perziken
200 g bosaardbeien
3 dl zoete witte wijn
$1/2$ citroen
1 theelepel fijne kristalsuiker

Dompel de perziken 1 minuut in kokend water.
Schil de perziken, halveer ze en verwijder de pit.
Schenk de witte wijn in een kookpan, voeg de perzikhelften toe en schenk zoveel water erbij dat de perziken net onder staan.
Kook de perziken 15 minuten.
Pers de citroen uit.
Was de bosaardbeien, verwijder de kroontjes en laat ze uitlekken. Houd een derde deel van de aardbeien (de mooiste exemplaren) apart. Pureer de rest samen met het citroensap en de suiker tot je een gladde saus hebt.
Laat de perziken uitlekken en afkoelen.
Verdeel de perziken over glazen, schenk de aardbeiensaus erover en leg de bewaarde bosaardbeien erop. Serveer de perziken meteen.
Als je de aardbeiensaus 3 minuten kookt, is hij langer houdbaar.

5 Sorbetijs van bosaardbeien

voor 2 personen
bereidingstijd 20 minuten

250 g bosaardbeien
50 g kristalsuiker
¼ pakje gelatinepoeder
2 eetlepels citroensap

Maak een siroop: los de kristalsuiker op in 1,5 dl water op een laag vuur.
Was terwijl de siroop aan het afkoelen is de bosaardbeien, verwijder de kroontjes en laat ze uitlekken. Pureer ze.
Los de gelatine op in 1 eetlepel warm water.
Roer de aardbeienpuree, de siroop, het citroensap en het gelatinemengsel door elkaar.
Schenk dit mengsel in een ijsmachine of in een bak die je in de vriezer zet (roer het mengsel in dat geval af en toe door met een vork om de ijskristallen te breken).
Serveer het ijs met krokante amandelkoekjes.

6 Bosaardbeienjam

voor 500 g vruchten
voorbereiding 20 minuten
bereidingstijd 15 minuten

500 g bosaardbeien
350 g kristalsuiker
50 ml balsamicoazijn

Was de bosaardbeien, verwijder de kroontjes en laat ze uitlekken.
Schep de aardbeien in een grote kom en roer de suiker en de balsamicoazijn erdoor. Dek de kom af en laat de aardbeien 8 uur marineren.
Breng het aardbeienmengsel in een pan aan de kook en laat het 15 minuten doorkoken. Roer het regelmatig door en schuim het af.
Kook jampotten uit. Vul ze met de jam, laat de jam afkoelen en bedek de jam met paraffine- of cellofaanpapier.
Bewaar de jam op een donkere plek.

Framboos

De framboos, mollig en zachter dan de zachtste kinderhuid, bestaat uit allemaal kussentjes. Deze vrucht laat op je vingers een roze kleur achter en vult je mond met een fluwelen zachtheid die 'uitbarst' in een zoet sap met een heerlijk vleugje zuur.

1 Bietensalade met feta en frambozen

voor 2 personen
bereidingstijd 10 minuten

30 g gemende sla
1 gekookte biet
100 g feta
12 frambozen
2 takjes munt
2 eetlepels druivenpitolie
1 eetlepel frambozenazijn
2 mespunten gemalen pepermix (zie blz. 10)
2 mespunten fleur de sel

Was de slablaadjes en sla ze uit.
Was de takjes munt, sla ze uit en hak ze fijn.
Snijd de biet in dunne plakken
Snijd de feta in blokjes.
Verdeel de gemende sla over de borden en voeg de plakken biet, de blokjes feta en de frambozen toe.
Besprenkel de salade met de olie en de azijn en strooi de pepermix en het fleur de sel erover. Verdeel de munt erover en dien de salade meteen op.

2 Lauwwarme linzen met tonijn, bieslook en frambozen

voor 2 personen
voorbereiding 10 minuten
bereidingstijd 30 minuten

200 g blonde linzen
1 blikje tonijn op water
6 takjes bieslook
60 g frambozen
1 eetlepel druivenpitolie
2 eetlepels frambozenazijn
$1/2$ theelepel gemalen pepermix (zie blz. 10)
2 mespunten fleur de sel

Kook de linzen 30 minuten in 3 keer zoveel gezouten water.
Laat de linzen uitlekken en afkoelen tot ze lauwwarm zijn.
Was het bieslook, sla het uit en knip het fijn.
Laat de tonijn uitlekken.
Schep de linzen in schaaltjes. Besprenkel ze met de olie en de azijn.
Voeg de met een vork losgewerkte tonijn en de gehalveerde frambozen toe. Strooi de pepermix en het fleur de sel erover, garneer de salades met het fijngeknipte bieslook en dien ze meteen op.

3 Salade van avocado, grapefruit en frambozen met koriander

voor 2 personen
bereidingstijd 10 minuten

1 avocado
1^1/$_2$ rode grapefruit
12 frambozen
2 takjes koriander
2 mespunten gemalen pepermix (zie blz. 10)
2 mespunten fleur de sel

Schil de hele grapefruit dik met een kartelmes boven een plank voorzien van een jusgootje. Steek het mes langs de membranen en verdeel zo de partjes.
Pers de halve grapefruit uit.
Schil de avocado, halveer hem, verwijder de pit en snijd het vruchtvlees in dunne plakken. Besprenkel de plakken met wat grapefruitsap om verkleuren te voorkomen.
Was de takjes koriander, sla ze uit en hak ze fijn.
Schep de grapefruitparten in glazen.
Leg de plakken avocado en de frambozen erop.
Sprenkel het grapefruitsap erover en bestrooi de salade met de pepermix en het fleur de sel. Strooi de fijngehakte koriander erover en serveer deze salade goed gekoeld.

4 Frambozenaspics met citroen en limoen

voor 4 personen
voorbereiding 20 minuten
bereidingstijd 3 minuten

250 g frambozen
6 gelatineblaadjes
^{1}/$_2$ limoen
^{1}/$_2$ citroen
2 dl zoete witte wijn
1 eetlepel poedersuiker

Was de citroen en de limoen en droog ze af.
Schil ze met een dunschiller en snijd de schillen in dunne reepjes. Blancheer de reepjes 1 minuut in kokend water.
Schenk de witte wijn in een kookpan, voeg de poedersuiker toe en verwarm het mengsel tot het gaat borrelen.
Pers de limoen en de citroen uit en roer de sappen door elkaar.
Haal de pan met het wijnmengsel van het vuur en voeg 1 eetlepel citroen-limoensap en de gelatineblaadjes toe. Roer het geheel door elkaar en laat het afkoelen tot het lauwwarm is.
Vul 4 vormpjes om en om met de frambozen en de reepjes citroenschil. Houd 2 frambozen en enkele reepjes schil apart voor de garnering. Schenk het lauwwarme wijnmengsel over de frambozen en laat de gelei ten minste 4 uur in de koelkast stijf worden.
Zet de vormen voor het serveren 15 tot 20 seconden in heet water en keer ze om op schoteltjes. Garneer de aspics met de frambozen en de reepjes limoen- en citroenschil en serveer ze meteen.

5 Champagne met frambozen

Voeg aan goed gekoelde champagne een scheutje frambozenlikeur en wat verse framboosjes toe.

6 Appel-frambozentorentjes

voor 2 personen
voorbereiding 15 minuten
bereidingstijd 10 minuten

2 mooie appels (Golden Delicious)
200 g frambozen
60 g boter
50 ml frambozenlikeur
2 takjes munt
1 eetlepel fijne kristalsuiker

Was de takjes munt, sla ze uit en trek de blaadjes eraf.
Was de appels en droog ze af. Verwijder het klokhuis met een appelboor. Snijd de appels horizontaal in 5 plakken.
Bak de plakken appel in 30 g van de boter en met de eetlepel fijne kristalsuiker in een koekenpan met antiaanbaklaag aan beide kanten goudbruin.
Schep de plakken uit de pan en leg ze op een werkvlak.
Blus het in de pan achtergebleven boter-suikermengsel met de frambozenlikeur en roer de rest van de boter erdoor.
Maak twee torentjes van vijf plakken appel met daartussen de frambozen en schenk het botermengsel erover.
Garneer de taartjes met de blaadjes munt en serveer ze.

7 Chocoladecharlotte met frambozen

voor 4 personen
bereidingstijd 15 minuten

150 g bittere chocolade
90 g zachte boter
150 g frambozen
2 eieren
1 theelepel poedersuiker

Smelt de chocolade au bain marie. Haal de gesmolten chocolade van het vuur en roer met een spatel de boter erdoor.
Scheid de eieren. Roer de eidooiers door het chocolademengsel.
Klop de eiwitten stijf en spatel ze voorzichtig door het chocolademengsel.
Bekleed een vorm met plasticfolie. Schenk de helft van het chocolademengsel in de vorm, verdeel de helft van de frambozen erover en voeg de andere helft van het chocolademengsel toe.
Laat de mousse ten minste 6 uur in de koelkast opstijven.
Keer de vorm om op een platte schaal of bord en leg de rest van de frambozen op en om de charlotte.
Strooi de poedersuiker met behulp van een zeef over de charlotte. Serveer deze lekkernij heel koud.

vruchten - appel

Appel

Raap onder appelbomen deze verrukkelijke vruchten die verscholen liggen tussen het gras. Manden gevuld met appels geven je huis een heerlijke geur, versieren de vensterbank en zijn een lust voor het oog. De appel valt niet ver van de boom, adamsappel, pomme d'amour.

1 Sneetjes brood met appel, kaas en koriander

voor 2 personen
bereidingstijd 10 minuten

4 sneetjes boerenbrood
2 appels
150 g comté (kaas)
2 takjes koriander
1 flinke theelepel geschaafde amandelen
$1/2$ citroen
20 g boter

Wrijf de appels schoon, snijd ze in parten en vervolgens in plakjes.
Pers de citroen uit en leg de plakjes appels in het sap.
Schaaf de kaas in plakjes.
Was de takjes koriander, sla ze uit en hak ze fijn.
Rooster de geschaafde amandelen in een droge koekenpan.
Rooster de sneetjes brood in een grillpan en bestrijk ze met boter.
Verdeel de plakjes kaas over de sneetjes brood, strooi wat van de fijngehakte koriander erover, leg de plakjes appel erop en verdeel ten slotte de geschaafde amandelen erover. Bestrooi de boterhammen met de rest van de koriander en serveer ze meteen.

2 Appelkrans met kaneel

oneven aantal stevige, gave appels
2 tot 3 kaneelstokjes
1 lint
60 cm soepel ijzerdraad
12 cocktailprikkers

Leg de appels in een cirkel en maak ze aan elkaar vast met cocktailprikkers.
Rijg de ijzerdraad door de appels om de krans bij elkaar te houden. Draai de uiteinden met een tang stevig in elkaar.
Knoop het lint om deze uiteinden, zodat je de ijzerdraad niet meer ziet.
Steek de kaneelstokjes in de knoop en leg een strik in het lint.
Hang de krans op aan een stuk touw of raffia.

vruchten - appel

3 Herfstsoep met specerijen

voor 2 personen
voorbereiding 15 minuten
bereidingstijd 15 minuten

4 kleine geel met rode appels
12 druiven
1 dl zoete witte wijn of witte muskaatwijn
1 steranijs
2 kruidnagels
1 kaneelstokje
1 zakje vanillesuiker
6 blaadjes munt
$1/2$ citroen

Wrijf de appels schoon, snijd ze in parten en vervolgens in plakjes.
Pers de citroen uit en leg de plakjes appel in het sap.
Pel de druiven.
Was de blaadjes munt, sla ze uit en hak ze fijn.
Schep de plakjes appel en de druiven in een kookpan en voeg de wijn, de specerijen, de vanillesuiker en 4 dl (bron)water toe.
Laat het geheel op een laag vuur 15 minuten zachtjes koken.
Laat de soep afkoelen. Schenk de soep in kommen, strooi de fijngehakte munt erover en serveer de soep meteen.

4 Appelcompote met meringue

voor 2 personen
voorbereiding 20 minuten
bereidingstijd 20 minuten

4 appels
1 vanillepeul
3 eiwitten
1 eetlepel fijne kristalsuiker
1 eetlepel poedersuiker
1 citroen

Schil de appels en snijd ze in parten.
Pers de citroen uit.
Leg de appelparten in een kookpan en voeg het citroensap, de doorgesneden vanillepeul en de fijne kristalsuiker toe.
Laat het geheel 15 minuten op een laag vuur pruttelen.
Zet de ovengrill aan.
Klop de eiwitten met de poedersuiker stijf.
Schenk de appelcompote in een gratineerschaal, schep de geklopte eiwitten erop en schuif de schaal onder in de oven.
Na ongeveer 5 minuten heeft de meringue een goudbruin korstje (goed in de gaten houden). Haal de meringue uit de oven.
Serveer de compote meteen. Zandkoekjes smaken hier heerlijk bij.

vruchten - appel

5 Appelchips

voor 12 appels
voorbereiding 15 minuten
bereidingstijd 2 uur

12 appels
1 citroen

Wrijf de appels schoon en verwijder de klokhuizen met een appelboor.
Snijd de appels horizontaal in flinterdunne plakjes.
Pers het citroensap uit en haal de plakjes appel hierdoor.
Leg de plakjes appel op een ovenrooster, schuif het rooster in de oven en bak de plakjes appel 2 uur op 50 °C.
Haal de appelchips uit de oven en laat ze op het rooster afkoelen.
Bewaar de chips in luchtdichte bakjes op een droge plek.

6 Appel-bloedworsthapje

voor 2 personen (2 torentjes per persoon)
voorbereiding 15 minuten
bereidingstijd 10 minuten

20 cm bloedworst
4 kleine appels
1 eetlepel bessenjam
4 takjes verse tijm
50 g boter
$1/2$ theelepel gemalen pepermix (zie blz. 10)
$1/2$ theelepel fleur de sel
4 satéstokjes

Wrijf de appels schoon. Verwijder de klokhuizen met een appelboor en snijd de appels horizontaal in plakjes.
Was de takjes tijm, sla ze uit en trek de blaadjes eraf. Bewaar de kleine takjes voor de garnering.
Bak in een pan met antiaanbaklaag op een laag vuur de plakjes appel in de boter goudbruin (5 minuten aan beide kanten).
Snijd intussen de bloedworst in plakken van 2 cm en bak ze zonder vet op een laag vuur in een pan met antiaanbaklaag (ook 5 minuten aan beide kanten).
Verwarm de bessenjam met 1 eetlepel water in een steelpan.
Maak torentjes van plakjes appel en bloedworst (begin met een plakje appel) en zet die vast met een satéstokje. Schenk de bessensaus eromheen, bestrooi de torentjes met de pepermix, het fleur de sel en de tijm. Garneer ze met de bewaarde takjes tijm en serveer ze meteen.

7 Gevulde appels

voor 4 personen
voorbereiding 20 minuten
bereidingstijd 30 minuten

4 mooi ronde appels
200 g gehakt van kalfshaas
8 blaadjes salie
2 sjalotten
1 dl port
30 g boter
1/2 theelepel gemalen pepermix (zie blz. 10)
zout

Verwarm de oven voor op 200 °C.
Was de blaadjes salie, sla ze uit en hak ze fijn. Houd een vierde deel apart voor de garnering.
Wrijf de appels schoon. Snijd van de bovenkant een kapje, verwijder de klokhuizen met een appelboor en hol de binnenkant iets uit (er mag een behoorlijk dikke schil overblijven).
Pel en snipper de sjalotten.
Fruit de sjalotten in de boter. Voeg het kalfsgehakt, de fijngehakte salie en het vruchtvlees van de appels toe. Roer het geheel door elkaar, voeg zout naar smaak toe en laat het 5 minuten pruttelen.
Schenk de helft van de port erbij en voeg de helft van de pepermix toe.
Roer het geheel goed door en schep de vulling in de uitgeholde appels.
Zet de gevulde appels in een ovenschaal en bak ze 20 minuten in de oven.
Laat in een steelpannetje de rest van de port met de rest van de pepermix iets inkoken.
Verdeel de appels over de borden, schenk de portsaus eromheen en garneer met de bewaarde blaadjes salie. Dien dit gerecht meteen op.

8 Appeltaartjes met kaneel

voor 2 personen
voorbereiding 10 minuten
bereidingstijd 15 tot 20 minuten

1 portie kant-en-klaar bladerdeeg
4 kleine appels
1/2 theelepel kaneelpoeder
2 zakjes vanillesuiker
30 g boter
1/2 citroen

Verwarm de oven voor op 180 °C.
Maak van het bladerdeeg twee ronde lappen en leg die op een vel vetvrij papier op de bakplaat.
Wrijf de appels schoon, snijd ze in partjes en vervolgens in plakjes.
Pers de citroen uit en haal de appels door het sap. Verdeel de plakjes appel over de deegrondjes. Strooi de kaneel en de vanillesuiker erover.
Snijd de boter in blokjes en verdeel die over de appels.
Bak de taartjes 15 tot 20 minuten (af en toe controleren).
Serveer de taartjes warm en geef er een bolletje vanille-ijs bij.

9 Appeldrijfkaarsjes

12 stevige appels
12 waxinelichtjes

Snijd een kapje van de bovenkant van de appels. Hol de appels uit en zet de waxinelichtjes erin. Zet de appels in een zinken bak of een glazen schaal gevuld met water.

Hazelnoot

De hazelnoot is omgeven door een groen getand omhulsel, steekt zijn neusje van zacht hout naar buiten en heeft vruchtvlees met een heel subtiele smaak. Je hoeft heus niet alle hazelnoten te laten liggen voor de eekhoorns!

1 Groentestoofschotel met kruiden en hazelnoten

voor 2 personen
voorbereiding 15 minuten
bereidingstijd 15 minuten.

6 kleine wortels
1 kleine savooienkool
1 courgette
100 g sperziebonen
2 takjes gladde peterselie
2 takjes koriander
4 takjes bieslook
12 hazelnoten
1 dl droge witte wijn
$1/2$ theelepel kerriepoeder
2 eetlepels hazelnotenolie
$1/2$ theelepel gemalen pepermix (zie blz. 10)
$1/2$ theelepel fleur de sel

Schil de groenten (indien nodig), was ze en laat ze uitlekken.
Was de kruiden, sla ze uit en hak of knip ze fijn.
Bak de groenten in de hazelnotenolie op een hoog vuur even aan.
Roer het kerriepoeder door de witte wijn en voeg de pepermix toe. Schenk dit mengsel over de groenten, dek de pan af en laat de groenten op een middelhoog vuur 10 tot 12 minuten pruttelen.
Voeg de kruiden toe en laat het geheel nog 2 minuten stoven.
Rooster de hazelnoten in een koekenpan.
Voeg vlak voor het serveren de geroosterde noten toe aan de groenten en strooi het fleur de sel erover.

vruchten - hazelnoot

2 Tagliatelle met ridderzwammen en hazelnoten

voor 2 personen
voorbereiding 10 minuten
bereidingstijd 10 minuten

200 g verse tagliatelle
150 g ridderzwammen
20 verse hazelnoten
2 takjes kervel
1 eetlepel hazelnotenolie
1/2 theelepel gemalen pepermix (zie blz. 10)
1/2 theelepel fleur de sel

Borstel de ridderzwammen schoon en snijd de onderkant van de steeltjes af.
Was de takjes kervel, sla ze uit en hak ze fijn.
Verhit de hazelnotenolie in een grote pan. Schep de ridderzwammen in de pan en bak ze 3 tot 4 minuten op een hoog vuur.
Rooster de hazelnoten in een droge koekenpan.
Breng in een kookpan water aan de kook en kook de tagliatelle (zie de kooktijd op de verpakking).
Laat de tagliatelle uitlekken en roer de pasta door de ridderzwammen in de pan. Voeg de geroosterde noten toe.
Verdeel de tagliatelle over de borden, strooi de pepermix en het fleur de sel erover en garneer de tagliatelle met de kervel.
Dien de pasta meteen op.

3 Verse geitenkaas met salie en hazelnoten

voor 4 personen
bereidingstijd 10 minuten

2 verse geitenkaasjes
10 blaadjes salie
12 verse hazelnoten
12 gedroogde hazelnoten
1 theelepel gemalen pepermix (zie blz. 10)

Was de blaadjes salie en sla ze uit. Hak de helft ervan fijn.
Hak de verse en de gedroogde hazelnoten.
Prak de geitenkaasjes met een vork en meng de kaas met de fijngehakte salie en de pepermix. Maak vier bolletjes en rol die door de fijngehakte noten. Zet ze in de koelkast. Verdeel de kaasjes voor het serveren over de borden en garneer ze met de hele blaadjes salie. Serveer sneetjes geroosterd brood erbij.

4 Kalfshaas met hazelnoten

voor 2 personen
voorbereiding 15 minuten
bereidingstijd 30 minuten

1 kalfshaas
12 hazelnoten
8 kleine vastkokende aardappels
1 sjalot
1 dl droge witte wijn
2 takjes verse tijm
12 zwarte olijven
1 piment d'Espelette (Baskisch pepertje) op olie
2 eetlepels olijfolie
1/2 theelepel gemalen pepermix (zie blz. 10)
1/2 theelepel fleur de sel

Was de aardappels en laat ze uitlekken.
Schil en snipper de sjalot.
Was de takjes tijm, sla ze uit en trek de blaadjes eraf.
Snijd het pepertje in plakjes.
Verhit de olijfolie in een gietijzeren stoofpan. Fruit de ui en bak de kalfshaas hierin 3 tot 4 minuten.
Voeg de witte wijn, de aardappels, de olijven, het pepertje, de pepermix en de tijm toe. Dek de pan af en laat het geheel 25 minuten pruttelen.
Rooster de hazelnoten in een droge koekenpan.
Verdeel voor het serveren de in stukken gesneden kalfshaas, de aardappels, de olijven, de plakjes peper en de geroosterde hazelnoten over de borden. Strooi het fleur de sel erover en dien het gerecht meteen op.

5 Hazelnoot-cognacijs

voor 4 personen
bereidingstijd 15 minuten

50 g gedroogde hazelnoten
24 verse hazelnoten
5 dl crème anglaise (soort vanillepudding)
3 dl crème fraîche
3 eetlepels cognac
12 druiven
2 takjes munt

Rooster de hazelnoten in een droge koekenpan.
Hak ze grof.
Roer de crème anglaise, de cognac en de crème fraîche door elkaar.
Zet dit mengsel in de vriezer of schep het in de ijsmachine.
Roer zodra het mengsel begint te bevriezen de gehakte hazelnoten erdoor. Zet de bak weer in de vriezer of zet de ijsmachine weer aan.
Pel intussen de druiven.
Was de takjes munt, sla ze uit en hak ze fijn.
Verdeel het ijs over glazen en voeg de druiven, de verse hazelnoten en de fijngehakte munt toe. Dien het ijs meteen op.

vruchten - hazelnoot

6 Appel-hazelnoottaartjes

voor 4 personen
voorbereiding 15 minuten
bereidingstijd 15 tot 20 minuten

1 portie kruimeldeeg
2 grote appels
20 gedroogde hazelnoten
12 verse hazelnoten
2 theelepels honing
2 eetlepels abrikozenjam
50 g boter
2 eetlepels fijne kristalsuiker
½ citroen

Pers de citroen uit.
Schil de appels en halveer ze. Wrijf ze in met het citroensap.
Snijd uit het deeg ronde lapjes en bekleed hiermee vier taartvormpjes.
Verwarm de oven voor op 180 °C.
Hak de hazelnoten in de hakmolen fijn. Roer de boter, de suiker en de fijngehakte hazelnoten door elkaar.
Leg op elke deeglap een halve appel. Maak aan de bovenkant van de appel met een scherp mesje een opening en vul die met het boter-hazelnotenmengsel. Voeg per taartje een halve theelepel honing toe en bak de taartjes 15 tot 20 minuten in de oven (af en toe controleren).
Haal de taartjes uit de oven en laat ze lauw worden.
Smelt in een steelpan de abrikozenjam en bestrijk hiermee met een kwastje de taartjes.
Garneer de taartjes met de verse hazelnoten.
Serveer de taartjes als de jam is afgekoeld.

Walnoot

De groene, glanzende schil is nauwelijks te weerstaan, de dop is van licht en zacht hout en de smaak van het vruchtvlees explodeert tussen je tanden. Wie de kern wil smaken, moet eerst de noot kraken. De beste noten zijn hard om te kraken.

1 Geglaceerde minigroenten met walnoten

voor 2 personen
voorbereiding 10 minuten
bereidingstijd 15 minuten

10 miniwortels
10 witte knolletjes
20 gepelde hele walnoten
6 takjes bieslook
$1/2$ theelepel kalfsfond
1 eetlepel olijfolie
1 eetlepel fijne kristalsuiker
$1/2$ theelepel gemalen pepermix (zie blz. 10)
$1/2$ theelepel fleur de sel

Was het bieslook, sla het uit en knip het fijn.
Was de groenten. Bak ze 2 minuten in de olijfolie.
Verdun de kalfsfond met een half glas water. Schenk de fond in de pan met de groenten en dek de pan af. Laat de groenten 12 minuten zachtjes koken.
Voeg de fijne kristalsuiker en de walnoten toe. Roer het geheel door en laat het nog 2 minuten op een hoog vuur garen.
Strooi de pepermix en het fleur de sel erover. Garneer de groenten met het bieslook en serveer dit gerecht meteen.

2 Onderzetter van walnoten

Walnoten zijn een goed isolatiemateriaal. Lijm de noten met een lijmpistool aan elkaar (leg een lijst of iets dergelijks eromheen, zodat ze tegen elkaar aan blijven liggen tijdens het drogen).

3 Salade van champignons, rucola, walnoten, koriander en gebakken bacon

voor 2 personen
voorbereiding 10 minuten
bereidingstijd 3 minuten

150 g champignons
1 handvol rucola
50 g gepelde hele walnoten
3 takjes verse koriander
6 plakken bacon
1 theelepel Meaux-mosterd
1 eetlepel balsamicoazijn
2 eetlepels olijfolie
$1/2$ citroen
$1/2$ theelepel gemalen pepermix (zie blz. 10)
$1/2$ theelepel fleur de sel

Was de blaadjes rucola en sla ze uit, doe hetzelfde met de koriander. Pers de citroen uit.
Borstel de champignons af, snijd een stukje van de onderkant van de steeltjes en snijd ze in plakjes.
Schep de plakjes champignon in het citroensap.
Roer de mosterd, de balsamicoazijn en de olijfolie door elkaar.
Bak de plakken bacon 3 minuten in een koekenpan met antiaanbaklaag.
Verdeel de rucola, de plakjes champignon en de walnoten over de borden. Sprenkel de vinaigrette erover en leg de plakken bacon erop. Strooi de pepermix en het fleur de sel erover. Garneer de salades met de koriander en dien ze meteen op.

4 Geitenkaasballetjes met fijngehakte walnoten en postelein

voor 2 personen
bereidingstijd 10 minuten

1 vers geitenkaasje
12 gepelde hele walnoten
1 handvol blaadjes postelein
zout en peper

Was de blaadjes postelein en sla ze uit. Hak de helft fijn.
Prak de kaas met een vork, voeg peper en zout naar smaak en de fijngehakte postelein toe.
Hak de walnoten fijn.
Maak van de kaas balletjes en rol die door de fijngehakte noten.
Zet de balletjes in de koelkast, zodat ze mooi stevig worden.
Verdeel voor het serveren de rest van de postelein over de borden en leg de geitenkaasbolletjes erop.

5 Koffie-walnotenfondant met gedroogde roosjes

voor 6 personen
bereidingstijd 30 minuten (een dag van tevoren)

500 g lange vingers
4 volle eetlepels oploskoffie (bij voorkeur uit Colombia)
200 g gepelde hele walnoten
5 gedroogde rozen
2 eidooiers
250 g boter
200 g fijne kristalsuiker

Hak de lange vingers en de walnoten fijn (houd 8 walnoten apart voor de garnering).
Los de oploskoffie op in 2,5 dl heet water.
Smelt de boter op een laag vuur in een kookpan.
Roer de lange vingers, de walnoten, de koffie, de eidooiers, de gesmolten boter en de fijne kristalsuiker heel goed door elkaar.
Schenk het mengsel in een met plasticfolie beklede vorm.
Zet de vorm ten minste 12 uur in de koelkast.
Keer op de dag dat je de fondant wilt serveren de fondant om op een platte schaal en garneer hem met de bewaarde walnoten en de gedroogde roosjes.
Zet de fondant tot het serveren weer in de koelkast.
Serveer crème anglaise erbij.

vruchten - walnoot

6 Walnotenwijn met vanille

voor 2 liter wijn
bereidingstijd 10 minuten

12 groene, nog niet rijpe walnoten
2 vanillepeulen
3 flessen rode wijn (niet te zwaar)
5 dl jenever
500 g suikerklontjes

Was de noten en hak ze fijn.
Strooi ze in een grote kom, schenk de rode wijn en de jenever erbij en voeg de suiker en de vanillepeulen toe.
Laat deze wijn 3 maanden rijpen op een donkere plek.
Filter de wijn en schenk hem in flessen.
Serveer deze wijn als aperitief.

7 Kiwi-passievruchtsalade met walnoten

voor 2 personen
bereidingstijd 10 minuten

2 kiwi's
2 passievruchten
8 gepelde hele walnoten
2 takjes verse munt
$1/2$ citroen

Was de takjes munt, sla ze uit en trek de blaadjes eraf.
Schil de kiwi's en snijd ze in plakjes.
Pers de citroen uit en sprenkel het sap over de kiwi's.
Halveer de passievruchten en lepel met een theelepel het vruchtvlees eruit.
Verdeel de helft van de plakjes kiwi over twee glazen, voeg het vruchtvlees van de passievruchten toe en ten slotte de rest van de plakjes kiwi.
Garneer de vruchtensalade met de walnoten en de blaadjes munt en serveer de salade goed gekoeld.

vruchten - walnoot

8 Gekarameliseerde walnoten met amandelspijs

voor 12 stuks
voorbereiding 20 minuten
bereidingstijd 5 minuten

12 gepelde hele walnoten
2 pakjes amandelspijs
12 suikerklontjes
$1/2$ theelepel citroensap
12 muffinvormpjes van vetvrij papier

Leg voor de karamel de suikerklontjes in een pan met antiaanbaklaag en voeg ongeveer 1,5 dl water toe. Verwarm het mengsel zonder te roeren. Houd de pan van tijd tot tijd even schuin en let op de verkleuring. Haal de pan van het vuur zodra de karamel goudkleurig is en voeg het citroensap toe (zo voorkom je dat de karamel hard wordt). Haal de walnoten door de karamel en laat ze afkoelen. Maak van de amandelspijs kleine balletjes. Druk een gekarameliseerde walnoot op elk amandelspijsballetje en leg die in de vormpjes.
Bewaar deze lekkernijen op een droge en stofvrije plek.

Kastanje

Onder het stekelige jasje zit een glimmende dop verstopt. Wie heeft nooit die heerlijke gladheid gevoeld van bijeengeraapte kastanjes in de jaszak?

Kastanjes koken

Maak met een scherp mesje een sneetje in het bolle deel van de kastanjes.
Kook de kastanjes 10 minuten in water.
Laat ze uitlekken en pel ze als ze nog warm zijn.
Maak een gekruide bouillon met een stengel selderij, een kruidenboeket, peper en zout.
Kook hierin de kastanjes 35 minuten.
Laat de kastanjes uitlekken. Deze kastanjes vormen de basis voor de hartige gerechten.
Voor de zoete gerechten kook je de gepelde kastanjes niet in bouillon, maar gewoon in water.

1 Gezouten kastanjes

voor 4 personen
voorbereiding 5 minuten
bereidingstijd 5 minuten

300 g voorgekookte kastanjes
50 g boter
1 eetlepel gemalen pepermix (zie blz. 10)
1 eetlepel fleur de sel
cocktailprikkers

Stoom de kastanjes 5 minuten.
Smelt de boter in een pan en roer de kastanjes erdoor.
Strooi de pepermix en het fleur de sel op een bord.
Rol de kastanjes door het peper-zoutmengsel, steek in elke kastanje een cocktailprikker en serveer ze als borrelhapje.
Schenk een glaasje droge wijn of sherry erbij.

vruchten - kastanje

2 Parelhoen met kastanjes en rozemarijn

voor 4 personen
voorbereiding 20 minuten
bereidingstijd 50 minuten

1 scharrelparelhoen (bakklaar)
400 g voorgekookte kastanjes (zie blz. 152)
2 takjes rozemarijn
1 glaasje droge witte wijn
50 g boter
1/2 theelepel gemalen pepermix (zie blz. 10)
1/2 theelepel fleur de sel

Verwarm de oven voor op 200 °C.
Was de takjes rozemarijn, sla ze uit en verdeel ze in stukjes.
Leg het parelhoen in een ovenschaal en bestrijk het met boter.
Leg de kastanjes en de rest van de boter (in blokjes gesneden) eromheen. Schenk de wijn erbij en strooi de rozemarijn, de pepermix en het fleur de sel erover.
Schuif de schaal in de oven en bak het parelhoen ongeveer 50 minuten (draai de kastanjes af en toe om). Serveer dit gerecht meteen.

3 Gepocheerde peren met kastanjes en sesamzaadjes

voor 2 personen
voorbereiding 15 minuten
bereidingstijd 20 minuten

2 peren (Doyenne du Comice)
3 dl zoete witte wijn
100 g kastanjes
1 theelepel sesamzaadjes
2 dl crème anglaise (soort vanillepudding)
1 vanillepeul
2 eetlepels fijne kristalsuiker
4 blaadjes verse munt

Schil de peren en snijd ze in parten. Leg ze in een kookpan en voeg de wijn en de doorgesneden vanillepeul toe.
Kook de peren 10 minuten.
Schep de peren uit de pan en laat ze afkoelen.
Zet de pan met het kookvocht weer op het vuur, strooi de suiker erbij en laat de saus 10 minuten indikken.
Was de blaadjes munt, sla ze uit en hak ze fijn.
Rooster de sesamzaadjes 1 minuut in een koekenpan met antiaanbaklaag.
Schep de kastanjes in de pan met het ingedikte kookvocht en laat ze nog 10 minuten zachtjes koken.
Laat de kastanjes uitlekken en afkoelen.
Verdeel over de glazen de stukken peer, de crème anglaise en de kastanjes. Strooi de sesamzaadjes en de fijngehakte munt erover en dien meteen op.

vruchten - kastanje

4 Kastanjejam

voor 2 jampotten
voorbereiding 15 minuten
bereidingstijd 15 minuten

400 g voorgekookte kastanjes (zie blz. 152)
250 g kristalsuiker
1 vanillepeul
1 citroen

Pers de citroen uit.
Schep de kastanjes in een pan en voeg het citroensap, de doorgesneden vanillepeul en de kristalsuiker toe. Schenk 1 dl water erbij en breng het geheel al roerend aan de kook.
Dek de pan af en laat de jam 1 nacht afkoelen.
Breng de jam de volgende dag aan de kook, draai het vuur lager en laat de jam nog 10 minuten zachtjes koken. Druk de kastanjes een beetje fijn en schep de jam in de potten.
Bedek de jam met paraffine- of cellofaanpapier.

5 Kastanjevla met chocolade en slagroom

voor 2 personen
bereidingstijd 15 minuten

150 g voorgekookte kastanjes (zie blz. 152)
3 dl slagroom
50 g bittere chocolade
spuitbus met slagroom
1 eetlepel poedersuiker

Druk de kastanjes door een zeef. Voeg de poedersuiker en 2 dl van de slagroom toe. Roer tot je een homogene puree hebt.
Smelt de chocolade au bain marie en roer 1 dl slagroom erdoor.
Schenk de kastanjevla in glazen en schenk de gesmolten chocolade erover.
Zet de glazen in de koelkast.
Voeg vlak voor het serveren de slagroom uit de spuitbus toe.

Paddestoelen

Cantharel, morielje, eekhoorntjesbrood

Cantharel

Deze oranjegele paddestoel wordt ook wel dooierzwam genoemd. Dit prachtige bosjuweel verschijnt als een lichtvlek tussen het mos en heeft een houtachtige geur.

1 Ronde courgettes gevuld met cantharellen

voor 2 personen
voorbereiding 15 minuten
bereidingstijd 30 minuten

2 ronde courgettes
100 g cantharellen
4 dunne plakken bacon
2 takjes verse tijm
4 eetlepels olijfolie
$1/2$ theelepel gemalen pepermix (zie blz. 10)
$1/2$ theelepel fleur de sel

Was de takjes tijm, sla ze uit en hak ze fijn.
Borstel de cantharellen schoon en snijd de onderkant van het steeltje af.
Bak de cantharellen in 1 eetlepel olijfolie 3 tot 4 minuten op een hoog vuur. Laat ze uitlekken op keukenpapier.
Was de courgettes en droog ze af. Snijd van de bovenkant een kapje af en schep het vruchtvlees met een kleine lepel eruit.
Snijd het vruchtvlees in stukjes en bak het 3 minuten in 1 eetlepel olijfolie met de helft van de fijngehakte tijm en de pepermix.
Verwarm de oven voor op 180 °C.
Roer voorzichtig de stukjes courgette en de cantharellen door elkaar. Voeg het fleur de sel toe. Schep deze vulling in de uitgeholde courgettes en zet de gevulde courgettes in een kleine ovenschaal. Bak de courgettes ongeveer 20 minuten.
Bak de plakken bacon in een koekenpan met antiaanbaklaag.
Zet voor het serveren de courgettes op de borden en leg de gebakken plakken bacon erop.
Sprenkel de rest van de olijfolie eromheen en strooi de rest van de tijm erover.

2 Sint-jakobsschelpen met kokosbonen en cantharellen

voor 2 personen
voorbereiding 15 minuten
bereidingstijd 10 minuten

6 sint-jakobsschelpen
200 g kokosbonen (Franse witte bonen, vergelijkbaar met de Italiaanse borlottibonen)
200 g cantharellen
1 dunne plak gerookt spek
6 takjes bieslook
2 eetlepels olijfolie
$1/2$ theelepel gemalen pepermix (zie blz. 10)
$1/2$ theelepel fleur de sel

Laat de kokosbonen een nacht weken.
Kook de bonen volgens de aanwijzingen op de verpakking.
Verwarm de bonen op een laag vuur met de plak spek.
Was het bieslook, sla het uit en knip het fijn.
Borstel de cantharellen schoon en snijd de onderkant van de steeltjes af.
Bak de cantharellen 5 minuten in 1 eetlepel olijfolie in een koekenpan met antiaanbaklaag op een hoog vuur. Schep ze uit de pan en houd ze warm.
Schenk de rest van de olijfolie in de pan en bak de sint-jakobsschelpen 2 minuten aan beide kanten.
Verdeel de sint-jakobsschelpen over de borden en voeg de bonen en de cantharellen toe. Strooi het bieslook, de pepermix en het fleur de sel erover en serveer dit gerecht meteen.

3 Tagliatelle met cantharellen

voor 2 personen
voorbereiding 10 minuten
bereidingstijd 5 minuten

200 g verse tagliatelle
100 g kleine cantharellen
8 blaadjes basilicum
50 g parmezaanse kaas
12 kleine zwarte olijven
3 eetlepels olijfolie
$1/2$ theelepel gemalen pepermix (zie blz. 10)
$1/2$ theelepel fleur de sel

Borstel de cantharellen schoon en snijd de onderkant van de steeltjes af.
Was de blaadjes basilicum en sla ze uit.
Breng vast gezouten water in een kookpan aan de kook voor de pasta.
Bak de cantharellen in 1 eetlepel olijfolie 3 tot 4 minuten (afhankelijk van de grootte) op een hoog vuur. Laat ze uitlekken op keukenpapier.
Kook de tagliatelle.
Snijd intussen de parmezaanse kaas met een dunschiller in schaafkrullen.
Laat de tagliatelle uitlekken en sprenkel de rest van de olijfolie erover.
Schep voorzichtig de cantharellen, de schaafkrullen, de olijven en het basilicum erdoor. Strooi de pepermix en het fleur de sel erover en serveer de tagliatelle meteen.

4 Cantharellen-garnalenspiesjes

voor 2 personen
voorbereiding 10 minuten
bereidingstijd 5 minuten

10 kleine cantharellen
10 voorgekookte steurgarnalen
2 eetlepels olijfolie
$1/2$ theelepel gemalen pepermix (zie blz. 10)
$1/2$ theelepel fleur de sel
10 cocktailprikkers

Pel de steurgarnalen en bewaar alleen de staarten.
Borstel de cantharellen schoon en snijd de onderkant van de steeltjes af.
Bak de garnalen en de cantharellen in de olijfolie 3 tot 4 minuten op een hoog vuur.
Rijg aan elke cocktailprikker een garnaal en een cantharel.
Strooi de pepermix en het fleur de sel erover.
Serveer deze spiesjes als borrelhapje en schenk er bijvoorbeeld een glaasje sherry bij.

paddestoelen - cantharel

5 Spinaziesalade met appels en cantharellen

voor 2 personen
voorbereiding 10 minuten
bereidingstijd 5 minuten

50 g spinazie
1 gave appel (Golden Delicious of Granny Smith)
150 g cantharellen
2 takjes kervel
1 eetlepel pijnboompitten
4 zongedroogde tomaten
$1/2$ citroen
3 eetlepels olijfolie
1 eetlepel balsamicoazijn
$1/2$ theelepel gemalen peper
$1/2$ theelepel fleur de sel

Was de blaadjes spinazie en sla ze uit.
Was de takjes kervel, sla ze uit en trek de blaadjes eraf.
Borstel de cantharellen en snijd de onderkant van de steeltjes af.
Bak de cantharellen in 1 eetlepel olijfolie 3 tot 4 minuten op een hoog vuur. Laat ze uitlekken op keukenpapier.
Rooster de pijnboompitten 2 minuten in een droge koekenpan met antiaanbaklaag. Snijd de zongedroogde tomaten in reepjes.
Pers de halve citroen uit. Snijd de appel in heel dunne plakjes en sprenkel het citroensap erover.
Leg de blaadjes spinazie op de borden en voeg de plakjes appel, de cantharellen, de pijnboompitten en de reepjes zongedroogde tomaat toe.
Besprenkel de salade met de rest van de olijfolie en de balsamicoazijn. Strooi de peper, het fleur de sel en de kervel erover en dien de salade meteen op.

6 Pompoensoep met cantharellen

voor 4 personen
voorbereiding 20 minuten
bereidingstijd 20 minuten

1 pompoen van ongeveer 600 g
200 g cantharellen
2 dl slagroom
6 takjes bieslook
1 eetlepel olijfolie
$1/2$ theelepel gemalen pepermix (zie blz. 10)
$1/2$ theelepel fleur de sel

Snijd de pompoen in parten en verwijder de schil, de pitten en de draden.
Stoom de pompoen 15 minuten en pureer hem vervolgens met 1,5 dl van de slagroom in de keukenmachine.
Was het bieslook, sla het uit en knip het fijn.
Borstel de cantharellen schoon en snijd de onderkant van de steeltjes af.
Bak de cantharellen in de olijfolie 3 tot 4 minuten op een hoog vuur.
Pureer twee derde deel van de cantharellen in de keukenmachine en houd de rest warm.
Roer de gepureerde cantharellen en de pompoensoep door elkaar.
Verwarm de soep voor het serveren met de rest van de slagroom. Strooi de pepermix en het fleur de sel erover.
Garneer de soep met het bieslook en de bewaarde hele cantharellen.

Morielje

Deze bijzondere paddestoel heeft een prehistorisch voorkomen, is conisch of rond, heeft de kleur van mineralen, een sponsachtige structuur en een heel verleidelijke geur.

1 Gepocheerde peren met kaneel en morieljes

voor 2 personen
voorbereiding 15 minuten
bereidingstijd 20 minuten

2 peren (Doyenne du Comice)
1 kaneelstokje
100 g morieljes
5 dl droge witte wijn
30 g boter
1,5 dl slagroom
1 theelepel fijne kristalsuiker

Schil de peren met een dunschiller en laat de steeltjes zitten.
Kook de peren 15 minuten in de witte wijn met het kaneelstokje.
Was de morieljes en spoel goed het zand eruit.
Bak de morieljes 6 tot 7 minuten in de boter. Pureer ze samen met de slagroom en de fijne kristalsuiker in de keukenmachine.
Schep de peren uit de pan en zet ze even weg. Laat het kookvocht op een hoog vuur inkoken tot je nog 1,5 dl over hebt.
Schenk dit vocht bij de morieljesaus.
Zet de gepocheerde peren in glazen of coupes, schenk de morieljesaus erover en garneer met wat stukjes kaneelstok.
Serveer deze lekkernij meteen.

2 Morieljesoep

voor 2 personen
voorbereiding 10 minuten
bereidingstijd 15 minuten

200 g morieljes
2 sjalotten
2 takjes verse tijm
30 g boter
2 dl melk
1 dl slagroom
$1/2$ theelepel gemalen pepermix (zie blz. 10)
$1/2$ theelepel fleur de sel

Was de morieljes en spoel goed het zand eruit.
Laat ze uitlekken op keukenpapier.
Schil en snipper de sjalotten.
Was de takjes tijm, sla ze uit en trek de blaadjes eraf.
Fruit de gesnipperde sjalotten in de boter glazig.
Voeg de morieljes en de tijm toe en bak het geheel 6 tot 7 minuten.
Houd twee morieljes apart.
Schenk de melk in de pan en laat het geheel nog 5 minuten pruttelen.
Pureer het morieljemengsel met de staafmixer.
Verwarm de soep met de slagroom en de hele morieljes vlak voor het serveren. Strooi de pepermix en het fleur de sel erover.
Serveer deze soep met sneetjes geroosterd brood.

3 Taartjes van ganzenlever, asperges en morieljes

voor 2 personen
voorbereiding 15 minuten
bereidingstijd 10 minuten

150 g halfgebakken ganzenlever (mi-cuit)
12 groene asperges
100 g morieljes
2 takjes verse tijm
2 eetlepels olijfolie
$1/2$ theelepel gemalen pepermix (zie blz. 10)
$1/2$ theelepel fleur de sel

Was de asperges en laat ze uitlekken. Snijd een stukje van de onderkant af en snijd de asperges overlangs door.
Was de morieljes en spoel goed het zand eruit.
Laat ze uitlekken op keukenpapier.
Was de takjes tijm, sla ze uit en hak ze fijn.
Bak de asperges ongeveer 10 minuten in 1 eetlepel olijfolie (houd ze goed in de gaten).
Bak in een andere pan de morieljes 6 tot 7 minuten in 1 eetlepel olijfolie. Laat ze uitlekken op keukenpapier.
Snijd de ganzenlever in dunne plakken.
Maak taartjes van afwisselend een plak ganzenlever, asperges en morieljes. Bestrooi de taartjes met de pepermix en het fleur de sel. Garneer de taartjes met de tijm en serveer ze met geroosterde sneetjes boerenbrood.

4 Spiesjes met langoustines en morieljes

voor 4 personen
voorbereiding 10 minuten
bereidingstijd 10 minuten

8 grote langoustines
12 morieljes
50 g boter
1 kruidenboeket
2 takjes bonenkruid
$1/2$ theelepel gemalen witte peper
$1/2$ theelepel fleur de sel
4 satéstokjes

Breng in een grote pan water aan de kook met het kruidenboeket.
Schep de langoustines in het kokende water en kook ze 2 minuten. Laat ze uitlekken. Laat ze afkoelen in de zeef.
Was de morieljes en spoel goed het zand eruit.
Laat ze uitlekken op keukenpapier.
Pel de langoustines en bewaar alleen de staarten.
Was de takjes bonenkruid, sla ze uit en hak ze fijn.
Rijg aan elk satéstokje afwisselend 3 morieljes en 2 langoustines.
Verhit de boter in een koekenpan en bak hierin de spiesjes in 6 tot 7 minuten aan beide kanten bruin.
Bestrooi de spiesjes met de witte peper en het fleur de sel.
Garneer de spiesjes met het fijngehakte bonenkruid en serveer ze meteen. Schenk een glaasje goed gekoelde droge witte wijn erbij.

5 Courgette-morieljetaartjes

voor 2 personen
voorbereiding 20 minuten
bereidingstijd 20 minuten

kant-en-klaar bladerdeeg (genoeg voor
    twee taartvormpjes)
2 courgettes
200 g morieljes
2 takjes bonenkruid
30 g boter
2 eieren
1 eetlepel crème fraîche
$1/2$ theelepel gemalen pepermix (zie blz. 10)
$1/2$ theelepel fleur de sel

Verwarm de oven voor op 180 °C.
Bekleed twee taartvormpjes met het bladerdeeg.
Leg daarop een vel vetvrij papier en schep droge bonen erop om te voorkomen dat het deeg gaat rijzen.
Bak de taartvormen 10 minuten droog.
Was de morieljes: spoel goed het zand eruit.
Laat ze uitlekken op keukenpapier.
Was de takjes bonenkruid, sla ze uit en hak ze fijn.
Was de courgettes, droog ze af en snijd ze met een dunschiller overlangs in repen.
Bak de morieljes 6 tot 7 minuten in de boter in een koekenpan met antiaanbaklaag.
Hak de helft van de morieljes fijn en meng ze met de eieren en de crème fraîche.
Verdeel dit mengsel over de voorgebakken taartvormpjes.
Leg de repen courgette en de hele morieljes erop.
Strooi de pepermix en het fleur de sel erover en bak de taartjes nog 10 minuten in de oven.
Garneer de taartjes vlak voor het serveren met het fijngehakte bonenkruid.

Eekhoorntjesbrood

Boleten met fluweelachtige hoeden, parasolletjes die op champagnekurken lijken en vlezige steeltjes pluk je met behulp van een mes om ze te 'bevrijden' van de grond die deze rijke buit bezoedelde.

1 Carpaccio van ganzenlever met eekhoorntjesbrood

voor 2 personen
bereidingstijd 15 minuten

150 g verse ganzenlever
150 g eekhoorntjesbrood (stevige exemplaren)
50 g rucola
2 takjes verse tijm
3 eetlepels olijfolie
1 eetlepel balsamicoazijn
$1/2$ theelepel pepermix (zie blz. 10)
$1/2$ theelepel fleur de sel

Was de takjes tijm, sla ze uit en hak ze fijn.
Was blaadjes rucola en sla ze uit.
Meng de olijfolie en de balsamicoazijn.
Verdeel de rucola over de borden en sprenkel de vinaigrette erover.
Borstel het eekhoorntjesbrood schoon en snijd het in plakjes.
Snijd de ganzenlever in heel dunne plakken.
Bestrooi de plakjes eekhoorntjesbrood en de plakken ganzenlever met de pepermix en het fleur de sel. Schep het eekhoorntjesbrood en de ganzenlever op de rucola. Strooi de tijm erover en serveer de carpaccio meteen.

2 Kruidenbouillon met eekhoorntjesbrood

voor 2 personen
voorbereiding 10 minuten
bereidingstijd 12 minuten

4 takjes kervel
4 takjes dragon
4 takjes bieslook
150 g stevige hoedjes van eekhoorntjesbrood
1 sjalot
$1/2$ eetlepel olijfolie
peper en zout

Was de kruiden en sla ze uit. Trek de blaadjes van de kervel en de dragon, knip het bieslook fijn.
Borstel de hoedjes van het eekhoorntjesbrood schoon en snijd ze in plakjes
Schil en snipper de sjalot.
Fruit de sjalot 2 minuten in de olijfolie in een kookpan.
Voeg de kruiden, 5 dl (bron)water en peper en zout toe.
Laat de bouillon 10 minuten zachtjes koken.
Schenk de hete bouillon in diepe borden en verdeel de plakjes eekhoorntjesbrood erover. Wacht enkele minuten voordat je de bouillon serveert.

3 Salade van eekhoorntjesbrood, sperziebonen, asperges en gerookte eendenborstfilet

voor 2 personen
voorbereiding 20 minuten
bereidingstijd 15 minuten

200 g stevig, klein eekhoorntjesbrood
150 g sperziebonen
150 g groene asperges
8 plakken gerookte eendenborstfilet
2 takjes kervel
4 eetlepels olijfolie
1 eetlepel balsamicoazijn
1/2 theelepel gemalen pepermix (zie blz. 10)
1/2 theelepel fleur de sel

Haal de sperziebonen af, was ze en kook ze 5 minuten in gezouten water. Laat ze uitlekken.
Snijd een stukje van de steel van de asperges af, was ze en kook ze 5 minuten in gezouten water. Laat ze uitlekken en snijd ze overlangs door.
Was de takjes kervel, sla ze uit en hak ze fijn.
Meng voor de vinaigrette 3 eetlepels olijfolie, de balsamicoazijn en de pepermix.
Borstel het eekhoorntjesbrood schoon en halveer het (of snijd het in vieren, afhankelijk van de grootte). Bak de paddestoeltjes 4 tot 5 minuten in 1 eetlepel olijfolie op een hoog vuur.
Verdeel het eekhoorntjesbrood over de borden en voeg de sperziebonen en de asperges toe. Sprenkel de vinaigrette erover en leg de plakken eendenborstfilet erop. Strooi het fleur de sel en de fijngehakte kervel erover en serveer de salade meteen.

4 Gevuld eekhoorntjesbrood

voor 2 personen
voorbereiding 15 minuten
bereidingstijd 15 minuten

250 g eekhoorntjesbrood, waaronder 2 grote exemplaren
4 takjes bieslook
2 eetlepels olijfolie
1/2 theelepel gemalen pepermix (zie blz. 10)
zout

Verwarm de oven voor op 180 °C.
Was 2 takjes van het bieslook, sla ze uit en knip ze fijn.
Borstel het eekhoorntjesbrood schoon en snijd de hoedjes van de steeltjes. Leg de twee grote exemplaren apart en hak de rest grof.
Bak de grof gehakte hoedjes met de pepermix en het bieslook 3 tot 4 minuten in 1 eetlepel olijfolie op een hoog vuur.
Voeg zout naar smaak toe.
Schep deze vulling in de bewaarde hoedjes.
Zet de gevulde paddestoelen op vetvrij papier en vouw het papier eromheen, zodat je pakketjes hebt. Bak de gevulde paddestoelen 12 minuten in de oven.
Zet de gevulde paddestoelen op borden, verdeel 1 eetlepel olijfolie erover en garneer met het bewaarde bieslook.
Dien dit gerecht meteen op.

3

paddestoelen - eekhoorntjesbrood

5 Zonnevisfilet met eekhoorntjesbrood en courgettes

voor 2 personen
voorbereiding 20 minuten
bereidingstijd 10 minuten

2 zonnevisfilets
100 g hoedjes van eekhoorntjesbrood
    (bewaar de steeltjes in cognac)
2 kleine courgettes
2 takjes bieslook
3 eetlepels olijfolie
$1/2$ theelepel gemalen pepermix (zie blz. 10)
$1/2$ theelepel fleur de sel

Bostel de hoedjes van de paddestoelen schoon en snijd ze in plakjes.
Was de courgettes en droog ze af. Snijd ze in dunne plakjes.
Was het bieslook, sla het uit en knip het fijn.
Bak de plakjes courgette 5 minuten in 1 eetlepel olie in een koekenpan. Houd ze warm.
Bak in dezelfde pan de plakjes eekhoorntjesbrood aan beide kanten in 1 eetlepel olie. Houd ze warm.
Bewaar het bakvocht voor de zonnevisfilets. Bak de zonnevisfilets in dezelfde pan in 1 eetlepel olie 3 minuten aan beide kanten.
Leg de plakjes courgette op de borden, leg de visfilets erop en schep ten slotte de plakjes eekhoorntjesbrood erop.
Strooi de pepermix en het fleur de sel erover en garneer de vis met het bieslook. Dien dit gerecht meteen op.

6 Amuses van parmaham, vijgen en eekhoorntjesbrood

voor 4 personen
voorbereiding 15 minuten
bereidingstijd 5 minuten

8 plakken parmaham
4 rijpe vijgen
4 stevige exemplaren eekhoorntjesbrood
16 blaadjes basilicum
1 eetlepel olijfolie
peper en zout
16 cocktailprikkers

Snijd de plakken parmaham doormidden.
Verwijder het steeltjes van de vijgen en snijd de vijgen in vieren.
Borstel de paddestoelen schoon en snijd ze in vieren. Bak ze 4 tot 5 minuten in de olijfolie op een hoog vuur. Voeg peper en zout naar smaak toe.
Was de blaadjes basilicum en sla ze uit.
Rijg aan elke cocktailprikker een halve plak parmaham, een stuk vijg, een stukje eekhoorntjesbrood en een blaadje basilicum.
Serveer deze verrukkelijke hapjes meteen.

paddestoelen - eekhoorntjesbrood

7 Gemarineerd eekhoorntjesbrood

voor 1 pot
voorbereiding 15 minuten
bereidingstijd 1 minuut

300 stevige exemplaren eekhoorntjesbrood
5 dl olijfolie
2 blaadjes laurier
2 takjes tijm
1/2 theelepel zwartepeperkorrels
3 eetlepels azijn
1 eetlepel grof zout

Borstel de paddestoelen schoon. Snijd de steeltjes niet af, maar maak ze goed schoon.
Breng in een kookpan 5 dl water met de azijn en het zout aan de kook. Blancheer de paddestoelen 1 minuut.
Laat ze uitlekken en afkoelen.
Schep het eekhoorntjesbrood in een uitgekookte pot en voeg tussendoor de laurier, de takjes tijm en de peperkorrels toe.
Schenk zo veel olijfolie erbij dat de paddestoelen onder staan.
Dek de pot af en zet hem op een donkere plek. Vul de olie de volgende dag aan.

8 Gepocheerde eieren op duxelles van eekhoorntjesbrood met gegrilde bacon

voor 2 personen
voorbereiding 20 minuten
bereidingstijd 20 minuten

2 eieren
200 g eekhoorntjesbrood
2 plakken bacon
2 zongedroogde tomaten
2 takjes basilicum
2 eetlepels olijfolie
1/2 theelepel fleur de sel
1/2 theelepel gemalen pepermix (zie blz. 10)

Verwarm de oven voor op 180 °C.
Borstel het eekhoorntjesbrood schoon en hak het grof.
Snijd de zongedroogde tomaten in stukjes.
Was het basilicum en sla het uit. Houd 2 blaadjes apart en hak de rest fijn.
Meng de paddestoelen, de zongedroogde tomaten, het fijngehakte basilicum en het fleur de sel.
Vet 2 ovenvormpjes in met olie. Schep het eekhoorntjesbroodmengsel erin en bak ze 15 minuten in een bak met water in de oven.
Bak in een droge koekenpan de plakken bacon.
Pocheer de eieren 3 tot 4 minuten in kokend water met azijn.
Keer de ovenvormpjes om op borden. Leg de eieren en de plakken bacon op de duxelles van eekhoorntjesbrood. Garneer ze met de blaadjes basilicum. Sprenkel 1 eetlepel olijfolie eromheen en strooi de pepermix erover. Serveer deze duxelles meteen.

Bijvoegsel

Register en dankbetuiging

Amuses

Amuses van parmaham, vijgen en eekhoorntjesbrood 184
Appelchips 128
Gezouten kastanjes 152
Rozemarijnspiesjes met mozzarella 30
Sneetjes brood met appel, kaas en koriander 122
Tijmolijven 12
Toast met tarama en rozenblaadjes 88
Toast met verse eendenlever en tijm 10

Voorgerechten

Avocadosalade met steurgarnalen en viooltjes 78
Avocadosoep met zalmeitjes en maartse viooltjes 94
Bietenmousse met alfalfa en bosaardbeien 106
Bietensalade met feta en frambozen 112
Bietensoep met paardebloemen 50
Cantharellen-garnalenspiesjes 164
Carpaccio van ganzenlever met eekhoorntjesbrood 178
Gepocheerde eieren op duxelles van eekhoorntjesbrood met gegrilde bacon 186
Gevulde tomaten met verse geitenkaas, specerijen en tijm 14
Komkommersoep met Oost-Indische kers 42
Kruidenbouillon met eekhoorntjesbrood 178
Morieljesoep 170
Paardebloemensalade met kwarteleitjes 54
Pompoensoep met cantharellen 168
Rucola met coppa, parmezaanse kaas en Oost-Indische kers 46
Salade van champignons, rucola, walnoten, koriander en gebakken bacon 142
Salade van asperges, sperziebonen en langoeststaarten met primulabloemen 76
Salade van avocado, grapefruit en frambozen met koriander 116
Salade van radijsjes, doperwten, peultjes, courgettes en maartse viooltjes 96
Spiesjes met garnalen en paardebloemknoppen 56
Spiesjes met langoustines en morieljes 172
Spinaziesalade met appels en cantharellen 168
Tomaten-mozzarellasalade met tijmvinaigrette 12
Wortelsoep met komijn, kervel en viooltjes 78

Vlees en vis

Appel-bloedworsthapje 128
Blinde vinken met uitjes en paardebloemen 54
Blinde vinken van kalfshaas en coppa met laurier 20
Courgette-morieljetaartjes 176
Gebraden kalfsvlees met bloedsinaasappels en primulabloemen 72
Gevulde appels 130
Gerookte poonfilet met asperges en bosaardbeien 104
Gevulde kwartels met tijm 10
Kabeljauwfilet met gele paprika en gebakken laurier 24
Kalfshaas met hazelnoten 136
Kipfilet met tomaten en Oost-Indische kers 48
Konijnenrug met rozemarijn en doperwten 28
Lamskoteletjes met lavendel 60
Langoeststaarten met wilde asperges en rozenblaadjes 86
Parelhoen met kastanjes en rozemarijn 156
Poon met citroen en rozemarijn 30
Salade van eekhoorntjesbrood, sperziebonen, asperges en gerookte eendenborstfilet 180
Sint-jakobsschelpen met kokosbonen en cantharellen 162
Spiesjes met kip en laurier 20
Taartjes van ganzenlever, asperges en morieljes 172
Tagliatelle met cantharellen 164
Tagliatelle met ridderzwammen en hazelnoten 134
Tagliatelle met paardebloemen, gerookte eendenborstfilet en truffelolie 50
Zonnevisfilet met eekhoorntjesbrood en courgettes 184

Groenten

Aardappels met laurier 24
Geglaceerde minigroenten met walnoten 142
Gevuld eekhoorntjesbrood 180
Gevulde minigroenten met primulabloemen 70
Groentestoofschotel met kruiden en hazelnoten 132
Lauwwarme linzen met tonijn, bieslook en frambozen 112
Ronde courgettes gevuld met cantharellen 162
Verse doperwten met bacon en laurier 26

Kaas

Geitenkaasballetjes met fijngehakte walnoten en postelein 144
Verse geitenkaas met salie en hazelnoten 134
Crottins met amandelen en lavendel 66
Kaasplankje met Oost-Indische kers 42
Rolletjes van Oost-Indische kers met verse geitenkaas 40

Nagerechten

Aardbeiensoep met blauwe bosbessen en maartse viooltjes 100
Aardbeienspiesjes met chocolade en rozemarijn 36
Abrikozencompote met slagroom en lavendelbloemen 58
Abrikozen met rozemarijn en siroop 28
Ananas-frambozensalade met champagne en viooltjes 80
Appelcompote met meringue 124
Appel-frambozentorentjes 120
Appel-hazelnoottaartjes 140
Appeltaartjes met kaneel 130
Chocoladecharlotte met frambozen 120
Chocoladekrans met primulabloemen 70
Frambozenaspics met citroen en limoen 116
Frambozengebakjes met rozenblaadjes 92
Gekarameliseerde walnoten met amandelspijs 150
Gemarineerde aardbeien 68
Gepocheerde peren met kaneel en morieljes 170
Gepocheerde peren met kastanjes en sesamzaadjes 156
Gepocheerde perziken met bosaardbeiensaus 106
Gepocheerde perziken met laurier 26
Gesuikerde viooltjes 96
Hazelnoot-cognacijs 136
Herfstsoep met specerijen 124
Kastanjevla met chocolade en slagroom 158
Kiwi-passievruchtsalade met walnoten 148
Knapperige salade met viooltjes 84
Koffie-walnotenfondant met gedroogde roosjes 144
Kwarkmousse met bosaardbeien 104
Lavendelijs 68
Meloen met szechuanpeper en tijm 14
Pommes d'amour met rozemarijnbloemen 34
Salade van carambole, passievrucht, kumquats en Oost-Indische kers 40
Salade van frambozen en blauwe bosbessen met primulabloemen 72
Sorbetijs van bosaardbeien 110
Taartjes met citroenschuim en rozenblaadjes 92
Vanille-ijs met Oost-Indische kers 46
Vijgen met honing, amandelen en viooltjes 84
Zandkoekjes met lavendel 62

Drankjes

Bloody Mary met tijm 18
Champagne met frambozen 120
Cocktail van maartse viooltjes 100
Lavendelthee 62
Primulathee 76
Rozen-citroencocktail 88
Rozemarijnthee 28
Rozenthee 86
Tijmthee 18
Walnotenwijn met vanille 148

Honing en jam

Bosaardbeienjam 110
Honing met lavendelbloemen 60
Kastanjejam 158
Paardebloemenjam 56
Rozenjam 86

Smaakmakers

Gemarineerd eekhoorntjesbrood 186
Ingemaakte citroenen met rozemarijn 34
Tijmolie 12
Lavendelazijn 66
Vinaigrette met viooltjes 94

Tafeldecoraties

Appeldrijfkaarsjes 130
Appelkrans met kaneel 122
Bloemige borden 54
Bloemrijke tafel 80
Geur en kleur 94
Geurig lavendelboeketje 58
Kaarslantaarn met lavendel 68
Kaarslantaarns met Oost-Indische kers 42
Kaarslantaarns met rozemarijn 36
Kaarslantaarns met tijm 18
Laurierketting 24
Lavendelkrans 60
Onderzetter van walnoten 142
Schaal met drijfkaarsen en viooltjes 78
Schoteltje met rozenblaadjes 92
Servetversiering van Oost-Indische kers 48
Tafelloper van Oost-Indische kers 42
Vaas met rozen in rozenwater 92

dankbetuiging

Mijn enorme dank *gaat uit naar Nathalie en Philippe, die me zo vriendelijk bij hen thuis hebben ontvangen en hun tuin beschikbaar hebben gesteld. Ook bedank ik het Atelier couleurs in Ceton, waarvan ik serviesgoed en andere voorwerpen mocht gebruiken voor het maken van de foto's. Ik bedank Jacques voor zijn geduld en steun. En Thomas omdat hij niet alle frambozen heeft opgegeten!*

Nederlandstalige uitgave:
© 2005 Uitgeverij Terra Lannoo BV
Postbus 1080
7230 AB Warnsveld
info@terralannoo.nl
www.terralannoo.nl
Uitgeverij Terra maakt deel uit van de Lannoo-groep, België

Oorspronkelijke titel: *Cueillez, c'est prêt!*
Oorspronkelijke uitgever:
© 2004 Éditions du Chêne
Ontwerp: Iris de Moüy

Vertaling: Frederike Plaggermars
Redactie: Elise Spanjaard
Opmaak: Elixyz Desk Top Publishing, Groningen
Productie: Deul & Spanjaard, Groningen

ISBN 90 5897 368 9

Alle rechten voorbehouden. Niets uit deze uitgave mag worden
verveelvoudigd, opgeslagen in een geautomatiseerd gegevensbestand en/of
openbaar gemaakt, in enige vorm of op enige wijze, hetzij elektronisch,
mechanisch of door fotokopieën, opnamen of enig andere manier, zonder
voorafgaande schriftelijke toestemming van de uitgever.